„Beurteilt mich nicht nach meinen Erfolgen,
sondern danach, wie oft ich hingefallen
und wieder aufgestanden bin."

Nelson Mandela

Carlos Bauersachs

AUFGEBEN?

Auf Keinen Fall!

Eine Biografie

Herausgegeben von Christian D. Jerke

Bibliografische Information der Deutschen Nationalbibliothek:

Die Deutsche Nationalbibliothek verzeichnet diese Publikation in der Deutschen

Nationalbibliografie; detaillierte bibliografische Daten sind im Internet über

http://dnb.dnb.de abrufbar.

Covergestaltung: Christian D. Jerke

Alle Bilder stammen aus dem Privatbesitz des Autors

Herstellung und Verlag: BoD – Books on Demand, Norderstedt

ISBN: 978-3-7448-2184-1

Inhalt

Teil 1

KINDHEIT

Meine Geschichte beginnt im Niedersächsischen Hannoversch-Münden, irgendwo zwischen Kassel und Göttingen, im letzten Jahr des zweiten Weltkrieges 1944. Es war eine unsichere und unruhige Zeit, was mich aber nicht davon abgehalten hat, die Welt endlich von außen kennen lernen zu wollen und obwohl ich mich im Bauch meiner Mutter immer sehr wohl gefühlt hatte machte ich mich am zwölften März auf den Weg. Meine Mutter wurde damit von einer, wie ich später erfuhr, gänzlich ungeplanten Last befreit. Mein Vater Helmut, ein Feinmechaniker bei der Luftwaffe und meine Mutter, Assistentin beim Nachrichtendienst kannten und liebten sich für eine Bratkartoffelzeit, wie man das damals nannte und das Ergebnis war ich, Karl-Heinz Bauersachs.

Also war ich wohl eigentlich so etwas wie ein Unfall aber mit Sicherheit lässt es sich nicht sagen; doch ziemlich sicher ist, dass bereits zu diesem Zeitpunkt ein Gedanke in meinem Kopf wuchs der mich bis heute begleitet und der Ihnen, liebe Leser bald wie ein Mantra vorkommen wird: „Na wartet, Euch werde ich es schon  zeigen!" Nun gut, den beiden blieb jedenfalls nichts anderes übrig als den heiligen Bund der Ehe einzugehen da alles andere damals sehr peinlich gewesen wäre. Meinen Vater hatte ich in den ersten drei Lebensjahren nie richtig kennengelernt, da er sich im Kriegsdienst befand und so wohnten meine Mutter und ich bis zu meinem vierten Lebensjahr bei einer Familie Finkeldei zur Untermiete. Wenn mein Vater zuhause war wurde schnell klar, dass meine Eltern nicht so recht zusammen passten und so kam es wie es kommen musste, und die beiden trennten sich wieder. Besonders mein Großvater väterlicherseits, ein ehemaliger Polizeiobermeister, war darüber sehr erbost und forderte meinen Vater auf sich bis zu meinem 18. Lebensjahr um mich zu kümmern. Der hatte, noch während der kurzen Ehe mit meiner Mutter auf einer Feier eine Freundin meiner Mutter kennengelernt, die mit einem Amerikaner verheiratet gewesen war. Der war nicht aus dem Krieg zurückgekehrt und hatte ihr zwei Kinder hinterlassen, einen Jungen und ein Mädchen. Sie war eine gut aussehende Frau mit rötlichen Haaren, ein scharfes Gerät, wie man heute wohl sagt. Nach allem Ärger mit seinem Vater und der Familie meiner Mutter war sie für meinen Vater jedenfalls wie ein Sechser im Lotto, eine hübsche Frau, zwei Kinder und die Möglichkeit in die Vereinigten Staaten von Amerika auszuwandern und so kam eines zum anderen und die beiden haben geheiratet und entschlossen Deutschland den Rücken zu kehren. Vorher musste aber noch der Unterhalt für mich geregelt werden und so haben wir uns alle bei einem Rechtsanwalt getroffen. Während der Verhandlung habe ich im Nebenraum mit den beiden Kindern seiner neuen Frau gespielt und wir haben uns eigentlich ganz gut verstanden, aber Kinder sind eben unvoreingenommener als Erwachsene. Als alles erledigt war, nahm mein Vater mich an die Hand und ging mit mir zu einem Spielwarengeschäft. Er wollte mir alles Mögliche kaufen, wenn ich nur noch einmal Papa zu Ihm sage. Kurzum, ich habe auf die Spielsachen verzichtet.

Wir wohnten weiter in Hann. Münden bei Familie Finkeldei und meine Mutter hatte in der Zwischenzeit eine Stelle als Verkäuferin angetreten. Oft habe ich mit Mimi, der Tochter unserer Wohnungsgeber gespielt, mit der ich mich gut verstand. Im nahegelegenen Wald gingen wir oft Bucheckern sammeln denn nach dem Krieg waren die Waren in den Geschäften knapp und man musste erfinderisch sein. So wurden Bucheckern zu Mehl gemahlen oder als Streusel auf Kuchen und Plätzchen verarbeitet. Manchmal kamen wir mit einer ganzen Einkaufstasche voll nach Hause. Wenn ich mit meiner Mutter unterwegs war, fuhren wir immer mit dem Bus und wenn Sie mich fragen, dann war das für mich immer das größte. Ich stand immer vorne bei dem Busfahrer, der mich schon kannte und habe mich an einer Haltestange festgehalten. Eines Tages, meine Mutter war arbeiten und ich hatte niemand zum Spielen, kam ich auf die Idee mal eine Runde mit dem Bus zu fahren. Da der Busfahrer mich kannte und dachte, meine Mutter wäre auch mit im Bus, hatte er nichts dagegen und als er an der Endhaltestelle merkte, dass dem nicht so war, nahm er mich auch wieder mit zurück. Als aber meine Mutter von der Arbeit nach Hause kam und ich nicht da war, herrschte große Aufregung. Eine Nachbarin hatte mich gesehen als ich in den Bus stieg und als der Bus wieder an der Endhaltestelle ankam, wartete meine Mutter schon auf mich. Zu Hause gab es erst mal ein Tracht Prügel mit dem Drahtteppichklopfer und ich bin nie mehr alleine Bus gefahren denn auf meinem Hintern zeichneten sich noch eine ganze Weile die Striemen des Teppichklopfers wie die olympischen Ringe ab, doch der Wunsch, später einmal Busfahrer zu werden, war geboren.

Als es in Hann. Münden mit der Arbeit schwieriger wurde, zogen wir nach Kamp-Lintfort an den Niederrhein zu meinen Großeltern mütterlicherseits wo ich auch meine Halbschwester Annemarie kennen lernte. 1939 hatte Mutter ihren damaligen Freund Franz Josef geheiratet doch leider kehrte dieser aus dem Krieg nicht zurück und meine Schwester, die 1940 geboren wurde wuchs bei Oma und Opa auf; meine Mutter wäre mit zwei Kindern in Hann. Münden alleine wohl nicht fertig geworden. Schnell wurde klar, dass das Elternhaus zu eng für uns alle wurde und nach dem eine Arbeitsstelle in Kamp-Lintfort gefunden war bezogen wir ein neues Quartier im sieben Kilometer entfernten Rayen. Hinter dem Haus befanden sich eine

Schreinerei und davor die Hauptverkehrsstraße, die allerdings wenig befahren war. Sonst gab es nur Felder und den stark bewaldeten Eyller Berg wo es auch eine Rodelbahn gab. Jeden Tag sind wir mit dem Bus von Rayen nach Kamp-Lintfort gefahren, wo meine Mutter die Großeltern versorgt hat, die bereits ziemlich alt waren und im Laufe der Zeit lernte meine Mutter wieder einen Mann kennen, wieder einen Helmut. Aller guten Dinge sind bekanntlich drei und so wurde im Umkehrschluss auch diese Beziehung zur Enttäuschung. Er kam aus Chemnitz und verdiente als Schlosser in Neukirchen-Vluyn gutes Geld und so hoffte meine Mutter, die als Verkäuferin kein großes Einkommen hatte auf ein bisschen Unterstützung für uns beide. Er war immer viel unterwegs und auch wenn er sich um mich gekümmert hat als er zu Hause war, so hatte ich nie das gleiche Gefühl, das ich bei meinem leiblichen Vater hatte, obwohl ich diesen ja nur relativ kurz kannte. Etwas habe ich ihm dann aber doch hoch angerechnet. Er war ein sehr guter Schlosser und als ich Ihm von den damals gerade neuen Rollschuhen vorschwärmte, die viel zu teuer waren, fertigte er mir selbst welche an. Richtig schwer mit Stahlrollen und Lederriemen zum unter die Schuhe schnallen. Sicher, die Schuhsohlen gingen dadurch schneller kaputt und die Stahlrollen machten ordentlich lärm, aber ich hatte immerhin meine eigenen Rollschuhe.

Die Beziehung lief dann auch ein ganzes Jahr gut und dann kam es vor, dass er öfter nicht nach der Arbeit nach Hause gekommen ist, angeblich, weil er noch auswärts etwas zu tun hätte. Diese Ausreden kamen immer öfter, bis er plötzlich ganz verschwunden war, verschwunden und unauffindbar, und ein weiteres Jahr verstrich in dem ich ohne Vater aufgewachsen bin.

Mittlerweile war es 1950 und ich wurde, stolze sechs Jahre alt, in der katholischen Volksschule zu Rayen eingeschult. Ich hatte nur etwa 100 Meter bis zur Schule und auch Freunde fanden sich recht schnell, Hannelore, Magret, Heinz und Josef. Die ersten Schuljahre verliefen ohne bemerkenswerte Ereignisse und ich lernte lesen, schreiben und rechnen und nur von Mamas Helmut war weit und breit nichts zu sehen oder zu hören. Erst als wir uns eines Tages mit den Eltern meines Freundes Heinz unterhielten, die in Ihrem Haus eine kleine Trinkhalle hatten und auch selbst Limonade herstellten trafen wir auf eine Spur des vermissten Lebensgefährten in Form des Untermieters, der in Neukirchen-Vluyn mit ihm zusammen gearbeitet hatte. Zunächst machte er ein großes Geheimnis darum, da er angeblich nichts verraten dürfe aber nach einer Weile und dem Versprechen absolutes Stillschweigen zu wahren, rückte er damit heraus, dass Helmut schon seit langer Zeit unentschuldigt von der Arbeit ferngeblieben war und schließlich vom Arbeitgeber fristlos gekündigt wurde. Fluchtartig soll er seine Arbeitsstelle verlassen haben und nachdem man seinen Schrank geöffnet hatte, fand man sehr viele Unterlagen aus dem Osten. Und das war das, mehr war nicht zu erfahren.

Bei mir in der Schule lief es noch ganz gut und meine Mutter, die ja unseren Unterhalt bestreiten musste ging weiter arbeiten. Als ich einigermaßen gut und leserlich schreiben konnte, Schönschrift wie es damals noch hieß, kam meine Mutter auf die Idee, ich solle meinem Vater in Amerika schreiben, da der mich ja bis zu meinem 18 Lebensjahr unterstützen musste. Er hatte sich öfter gemeldet, da er wissen wollte wie es mir geht und wie ich in der Zwischenzeit aussähe und Mutter hatte Ihm unsere Situation bereits geschildert. Er wollte meine Maße wissen und schickte mir dann Kleidung, so dass ich manchmal wie ein kleiner Amerikaner aussah. Die Hemden, Hosen und Jacken hatten derart starke Farben, dass mich meine Schulfreunde alle neidisch angesehen haben. Es entstand ein reger Briefwechsel zwischen uns und erst später erfuhr ich, dass meine Mutter es sich zu Vaters Leidwesen, nicht hatte nehmen lassen noch ein Paar spitze Bemerkungen unter meine Briefe zu setzen. Das ärgerte ihn zunehmend mehr aber darauf kommen wir später noch zurück. Als ich etwa zehn Jahre alt war, bekam ich mein erstes Fahrrad und während Mutter noch arbeitete fuhr ich nach Schulschluss zu Oma und Opa nach Kamp-Lintfort. Manchmal bin ich auch in Rayen geblieben, wenn ich bei einer befreundeten Familie mitessen konnte. Ich hatte dann mehr Zeit mit meinen Freunden zu spielen. Natürlich haben wir auch sehr viele Streiche gespielt, so haben wir einmal ein altes großes Karrenrad vom Eyller Berg auf das Hausdach der Trinkhalle rollen lassen, das unterhalb des Berges an einer Wiese lag. Wir wollten nicht glauben, dass das Karrenrad die Lücke zwischen Wiese und Hausdach überspringt. Der Beweisführung fielen dann sehr viele Dachziegel zum Opfer und zur Strafe mussten wir eine Woche lang bei der Herstellung von Limonade helfen, Flaschen reinigen, Flaschen füllen und Kisten schleppen.

In den folgenden Jahren war der Tagesablauf Tag ein Tag aus mehr oder weniger gleich. Morgens ging es die Schule dann mit dem Rad nach Kamp-Lintfort zu Opa und Oma zum Essen und abends mit meiner Mutter zurück nach Rayen. Meine Mutter war abends immer sehr müde und schaffte es kaum mir bei den Schularbeiten zu helfen also sollte meine Schwester einspringen, doch da die ja selbst sehr viel lernen musste, um später Ihr Abitur zu machen hatte sie nur wenig Geduld dabei meinen mäßigen schulischen Leistungen auf die Sprünge zu helfen. Also haben sich meine Tanten und Onkel um mich gekümmert aber auch diese stießen bald an ihre Grenzen und so war ich letztlich mit meinem Talent alleine. Besonders im Rechnen wollte sich der Erfolg nicht so recht einstellen und einer meiner Lösungsansätze war es bei Freunden abzuschreiben, mit eingebauten Fehlern um nicht aufzufallen, aber das Gelbe vom Ei war auch das nicht. Kurzum ich schlug mich so durch, es interessierte sich schlichtweg keine Sau für mich.

1957 stand auf dem Kalender und Ich war bereits stolze 13 Jahre alt als meine 17 jährige Schwester auf die Idee kam mit Ihrem Brüderchen in den großen Schulferien eine Radtour mit Übernachtungen in Jugendherbergen zu machen. Da der kleine Karl-Heinz zu dieser Zeit sehr stabil war, konnte ein wenig körperliche Ertüchtigung sicher nicht schaden und so sollte uns unser Weg bis zum Bodensee führen. Mit je hundert Mark für vier Wochen starteten wir und fuhren per Anhalter bis Köln in einem Kohlenlaster und von dort per Fahrrad zum Bonner Venusberg. Nach diesem anstrengenden Tag übernachteten wir in der dortigen Jugendherberge und fuhren am nächsten Morgen weiter. Den Venusberg hinunter ging es ganz gut aber das Sitzen auf dem Fahrradsattel war mühsam da die Rucksäcke groß und sperrig waren und so kam meine Schwester auf die glorreiche Idee, unsere Räder mit der Bahn nach Rüdesheim zu meiner Patentante zu schicken. Ein waghalsiges Unternehmen da wir ja nicht einmal sicher sein konnten dass überhaupt jemand zu Hause ist. Per Anhalter kamen wir selbst auch am selben Tag an und fanden ihre Adresse. Meine Patentante freute sich sehr mich einmal wieder zu sehen und erlaubte uns unsere Fahrräder in Ihrem Keller zu deponieren. Nach einer Übernachtung in der Jugendherberge ging es per Anhalter weiter bis Freiburg. Am folgenden Morgen stockten wir sparsam unsere Vorräte auf dem Markt auf, Brötchen und Obst und konnten gegen Mittag einen Wagen anhalten der bereit war uns bis in die Schweiz mitzunehmen, ein Generalvertreter mit Wohnungen in Zürich, Rom und Mailand. Er war es dann auch der mir einen Drei-Tages-Ausweis für die Schweiz bezahlte, da man mich mit meinem Ausweis der britischen Besatzungszone nicht ins Land lassen wollte. Noch einmal half uns unser Generalvertreter als er solange an der Herberge Sturm geklingelt hatte bis man uns einließ obwohl um dreiundzwanzig Uhr bereits seit einer Stunde geschlossen war. Am nächsten Tag fuhren wir nach Konstanz zum Meldeamt um unsere Mutter zu verständigen, dass ich einen neuen Ausweis brauchte. Innerhalb von vier Tagen war

alles erledigt und wir setzten die Reise fort, mit dem Schiff über den Bodensee zur wunderbaren Insel Mainau mit ihren vielen Blumen und später zurück nach Zürich wo wir noch einen Tag blieben. Unsere Mutter, mit der wir ja telefoniert hatten dachte, dass wir jetzt unser Ziel erreicht hätten, den Bodensee.

Aber meine Schwester wollte weiter über Italien, bis runter zur Côte d'Azur. Sicher war es ein kleiner Schock für unsere Mutter, als Sie erst eine Karte aus Mailand und dann eine von der Côte d'Azur bekam. Unser nächster Stop war Luzern mit dem traumhaften Luzerner See und der 1365 erbauten, überdachten Kapellbrücke. Nach einem eintägigen Aufenthalt ging es weiter durch das Tessin über Lugano bis ins italienische Mailand. Die nächsten zwei Tage verbrachten wir in dieser Stadt und ich bekam Bedenken, dass unser Geld nicht reichen würde. Aber ich hatte nicht geahnt, dass meine liebe Schwester, so gut reden konnte. Die Menschen waren beeindruckt von unserem Mut und unserer Lockerheit und so wurden wir oft zum Essen eingeladen und bekamen auch Geld geschenkt. Natürlich mussten wir auch lernen, dass nicht alle Menschen so liebenswürdig waren. Ausgerechnet ein italienischer Pfarrer sollte uns das vor Augen führen. Es war ein verregneter Tag, wir hatten keine ordentlichen Regenschirme und es gab nur wenig Verkehr auf unserer Strecke bis auf jenen Geistlichen der uns mitnahm. Ich saß auf der Rückbank und war eingenickt und bekam nicht viel mit von der angeregten Unterhaltung meiner Schwester und unserem Wohltäter bis ich Schwester auf einmal sagen hörte, dass er anhalten und uns auf der Stelle aussteigen lassen solle. Und da standen wir nun zu meinem Unmut im Regen. Meine Schwester war schockiert und auch ich kam aus dem Staunen nicht heraus als sie mir erzählte, dass der Pfarrer mit seiner Hand versucht hat zwischen Ihre Beine zu greifen. Ein Mann der Kirche! Wie man sich doch täuschen kann. Doch das sollte dann auch der einzige unangenehme Zwischenfall bleiben.

Am nächsten Tag ging es dann weiter in Richtung Mittelmeer. Mit zwei Mitfahrgelegenheiten erreichten wir erst Genua und schließlich Menton an der Côte d' Azur wo wir ein letztes Mal übernachteten bevor wir mit Nizza, Monaco und Monte Carlo unser Ziel erreichten. Am nächsten Tag waren wir schon früh auf den Beinen kamen aber nicht so schnell voran wie wir dachten. In Cannes angekommen sahen wir rechts neben der Straße einer großen Weinplantage, in die wir uns klammheimlich hineinschlichen. Eine runde Korbtasche mit Deckel, die meine Schwester von unseren Spenden gekauft hatte, haben wir dann mit saftigen Weintrauben gefüllt die unser Mittagessen sein würden. Am Nachmittag machten wir uns dann auf in Richtung Monaco. Kurz vor dem Fürstentum gibt es einen kleinen, dicht am Meer gelegenen Ort, Cap-Daniel, in dem es eine Jugendherberge gab. Für die Mädchen gab es einen Marmor getäfelten Schlafsaal in einem schicken Gebäude während wir Jungs draußen in einem Zeltlager auf Feldbetten schliefen. Aber ein Mann muss eben manchmal tun was ein Mann tun muss. Die Côte d 'Azur ist einfach zu schön um sich mit derartigen Kleinigkeiten aufzuhalten.

Gleich am zweiten Tag gingen wir am Abend nach Monte Carlo und kamen aus dem Staunen nicht heraus, als wir am Spielkasino die schicken Leute mit ihren großen eleganten Autos gesehen haben. Nach dem wir genügend gestaunt hatten, sind wir wieder nach Cap-Daniel getippelt, haben noch die beleuchteten Boote auf dem Meer beobachtet und sind dann völlig zufrieden in den Schlaf gesunken. Am nächsten Tag, es war sehr warm, wollte meine liebe Schwester den Strand in Nizza genießen. Auf dem Weg zum Strand durch die schmalen Gassen der Stadt entdeckte ich in einem Schuhgeschäft ein Paar schöne Sandalen, die ich unbedingt haben wollte, weil ich in meinen Schuhen unangenehm schwitzte. Nachdem wir uns am Strand etwas entspannt hatten, habe ich meine Schwester wieder mit den Sandalen genervt bis sie es leid war und mich per Anhalter nach Cap-Daniel schickte um das nötige Geld aus unserem

Schrank zu holen damit ich die angestrebten Sandalen kaufen konnte. Sie hatte wohl nicht damit gerechnet, dass ich kleiner Steppke alleine losfahren würde und gab mir den Schlüssel und weg war ich. Schon damals hatte ich einen guten Orientierungssinn und so war es für mich kein großes Problem zudem ich auch noch die Strecke kannte. Schnell fand ich einen Autofahrer, der mich bis nach Monte Carlo mitnahm und schon bald war ich mit dem Geld wieder auf dem Rückweg nach Nizza. Diesmal dauerte es lange bis ich einen Wagen zum Anhalten bekam, ein offener Amerikanischer Straßenkreuzer der von einem älteren Ehepaar gefahren wurde. Gerade dachte ich mir, es würde nun flott vorangehen als der Wagen an der nächsten Haltebucht hielt und das Paar Aufnahmen mit der Kamera machten. Nach etwa vier Stunden und etlichen Haltebuchten war es geschafft.

Ich fand meine Schwester, wo ich sie verlassen hatte am Strand von einigen jungen Männern umgeben und setzte mich dazwischen. Sie war sehr froh, dass ich heile zurück war und in diesem Moment hätte Sie mir vermutlich zwei oder mehr Paare Sandalen gekauft aber auch ich sah ein, dass unsere Reisekasse stark geschrumpft war obwohl wir uns oft nur von Obst ernährt hatten um Geld zu sparen.

Nachdem wir an den zwei Folgetagen nochmals Monte-Carlo und Monaco besichtigt hatten, machten wir uns auf die Heimreise.

Der erst Tag verlief sehr gut. Die Reise ging von Nizza über Cannes, Toulon, Marseille, Avignon und Grenoble bis nach Chamonix am Fuße des Mont-Blanc, wo wir in der Nacht ankamen. Die Uhr zeigte bereits 0:30 so dass an eine Jugendherberge nicht mehr zu denken war und so mussten wir sehen, wo wir nächtigen konnten. Wir fanden einen außenliegenden Treppenaufgang in dem wir uns auf unsere Rucksäcke setzten und trotz der Kälte schliefen so gut es eben ging. Zwischen drei und vier am Morgen wachte ich auf und merkte, dass meine Schwester nicht bei mir war und dann stieg mir der Duft einer Bäckerei in die Nase. Ich sah mich um und entdeckte meine Schwester die von einem Hinterhof kam und meinen Eindruck bestätigte. Wir gingen also zu der Backstube und klopften an und Schwesterchen erzählte, dass wir schon die ganze Nacht draußen verbracht hatten, was ausreichte um uns mit Baguette und Kuchen zu füttern. Nach diesem warmen Frühstück ging es dann weiter und wir brachten einen alten Citroen, sie wissen schon, der der wie ein alter Mercedes aussieht, dazu anzuhalten. Ich stieg in den Fond wo an Stelle einer Sitzbank Kisten mit Erdbeeren aufeinandergestapelt waren und so machte ich es mir auf unseren Rucksäcken bequem. Der Fahrer konnte uns bis auf den nächsten Bergpass mitnehmen, wo wir eine gute Stunde warten mussten, weil die andere Passstraße erneuert worden war und nun mit einem Autorennen eingeweiht wurde. Während wir warteten bot ich meiner Schwester zu deren Erstaunen frische Erdbeeren an und sie fragte mich wie ich da herangekommen war. Der Citroen hatte keinen Innenspiegel und so konnte ich während der Fahrt mit meinen kleinen Fingern unseren Korb mit dem Verschluss, sie erinnern sich, füllen. Und so ging es uns eigentlich recht gut. Ein Sportwagen hielt an und der Fahrer bot uns an uns zum Start und Ziel des Rennens in Martigny mitzunehmen, von wo aus wir mit dem nächsten Wagen bis Genf fuhren und dann war erst mal Schluss. Unser Geld war verbraucht, wir konnten uns weder Essen noch eine Jugendherberge leisten und so blieb uns nur der Weg in die deutsche Botschaft , wo meine Schwester mit Tränen in den Augen unsere Lage erklärte. Man bot uns an uns mit der Bahn nach Hause zu schicken aber das hätte 300 DM gekostet, die unsere Mutter hätte zurückzahlen müssen. Als wir erklärten, dass meine Mutter nicht genug verdient um so viel Geld zurück zuzahlen ließ man sich erweichen und gab jedem von uns dreißig Mark aus der Spendenkasse. Danach steuerten wir erst einmal die nächste Wurstbude an und nachdem die Wurst aufgegessen war kam der bereits lang erwartete Kommentar meiner Schwester, dass ich ja unbedingt die Sandalen haben musste, was uns nun in Schwierigkeiten gebracht hatte.

Am nächsten Tag ging es dann, wenn auch langsamer als erhofft weiter und wir erreichten am späten Abend Heidelberg. Da die Jugendherberge bereits um zehn Uhr geschlossen hatte blieb uns nur die Bahnhofsmission und das erforderte eine kleine Notlüge. Da dort Jungen nur bis zum elften Lebensjahr aufgenommen wurden musste ich mich für jünger ausgeben und zu unserer Erleichterung glaubte man uns. Angenehm war es allerdings nicht dort und so waren wir am nächsten Morgen auch die ersten die wieder draußen waren. Leider waren uns die Autofahrer an diesem Tag nicht so wohlgesonnen und wir mussten abermals in Bonn auf dem Venus-berg übernachten, bevor wir an nächsten Morgen endlich die letzte Etappe nach Kamp-Lintfort hinter uns brachten. Meine Patentante hatten wir bereits verständigt, dass Sie die Räder per Bahn nach Moers schicken sollte.

Als wir zu Hause die Türe öffneten und unsere Mutter beim Strauchbohnen schneiden sahen, begrüßten wir Sie mit einem trockenen Ciao gerade so Als ob wir nur ein paar Tage weg gewesen wären. Sie hatte mich ganz erstaunt angesehen, weil ich doch deutlich abgenommen hatte und war überglücklich, dass wir wieder heil zu Hause angekommen waren. Ihr zunächst einziger Kommentar war: „erst kommt eine Karte aus Mailand und dann eine von der Cot d' Azur. Ich dachte, ihr spinnt." Darauf musste Mutter erst mal einen Schnaps trinken und forderte uns auf alles zu erzählen und während wir unsere Europareise schilderten wurde der Badeofen angeheizt, denn wie man sich vorstellen kann, wollten wir uns frisch machen. Der Ablauf beim Baden, war immer der gleiche. Meine Schwester zuerst und der kleine Bruder danach aber im gleichen Wasser, denn es durfte ja nicht zu viel Wasser verbraucht werden. Als ich dann am Abend in Rayen in mein eigenes Bett sinken konnte, war ich richtig glücklich und die Reise kreiste mir noch einige Zeit im Kopf herum. Es dauerte einige Zeit, bis ich mich wieder richtig akklimatisiert hatte. Als ich meinen Freunden von der Reise erzählte, ich hatte ja noch Ferien und Zeit, erntete ich ungläubige Blicke von allen Seiten bis ich Ihnen meinen Herbergsausweis zeigte. Da klebten nämlich sehr viele Zettel mit den Stempeln von den Herbergen drin in denen wir übernachtet hatten

Als die Schule wieder anfing, mussten wir einen Aufsatz über unsere Erlebnisse in den Ferien schreiben und obwohl ich viele, viele Seiten gefüllt hatte bekam ich wegen der vielen Rechtschreibfehler nur eine zwei plus, doch das störte mich nicht denn ansonsten war es der beste Aufsatz der Klasse. Endlich einmal der Beste sein! Reisen bildet, sagt man und ich möchte sagen, dass diese lange Reise meinen Horizont deutlich erweitert hat. In fünf Wochen per Anhalter durch Europa zu reisen ist ein Erlebnis, dass kein Lehrer im Unterricht vermitteln kann. Die verschiedenen Länder, die unterschiedlichen Kulturen und die vielen Menschen, die man kennengelernt hat, öffnen einem ganz neue Blickwinkel und ich konnte aus dieser Erfahrung viel für mein späteres Leben lernen.

Die letzten Sonnenstrahlen des Sommers waren dem Nebel des Herbstes gewichen, meine Mutter hatte in der Zwischenzeit eine neue Arbeitsstelle auf einem großen Bauernhof in der Nähe von Rayen gefunden. Die Bauernfamilie besaß eine sehr große Gaststätte mit zwei großen Sälen für Veranstaltungen und ein Gartenlokal und hatte noch eine Kellnerin benötigt. In den Herbstferien gab es auch für mich die Gelegenheit etwas Taschengeld zu verdienen indem ich bei derselben Familie bei der Kartoffelernte half. Dabei gab es nicht nur einen Lohn sondern auch reichlich Verpflegung. Jedes Jahr veranstaltete der Bauer der zugleich auch als Jäger tätig war, vor der Wild Jagd ein großes Tontaubenschießen, an dem die meisten Jäger aus der Umgebung teilnahmen um ihre Treffsicherheit zu überprüfen und zu trainieren. Unter Ihnen war der Chef einer großen Firma, die einen bekannten Magenbitter herstellte. Dieser hatte mir sehr imponiert, nicht zuletzt weil er seinen eigenen Fahrer hatte, der, egal wo der Chef auch in Europa herumreiste, immer bei ihm war und ich begann davon zu träumen später auch einmal Fahrer für einen bedeutenden Firmenchef zu werden. Durch meine Mutter erfuhr ich dann, dass für die große Jagd Treiber gesucht werden, wofür es sogar einen Tag Schulfrei gab und da meine Noten ohnehin keine Anstalten machten besser zu werden beschloss ich dabei zu sein. Die Jäger und Treiber liefen in einer Reihe durch Wald, Büsche und Felder und wir Treiber schlugen mit Stöcken auf die Büsche und riefen „Haas hopp, Haas Hopp" wodurch Hasen, Kaninchen, Fasanen und Rebhühner aufgescheucht wurden, so dass die Jäger nur noch schießen und treffen mussten. Dann mussten wir

Treiber das erlegte Wild einsammeln und auf einen Wagen bringen, der sich in der Nähe befand und alles zu einem Sammelplatz brachte. Dort wurde alles sortiert und gezählt und derjenige der am meisten erlegt hatte bekam am Abend in der Gaststätte einen Preis verliehen. Als Treiber bekamen wir Verpflegung und etwa dreißig Mark und da meine Mutter in der Gaststätte bediente, bekam ich auch in der Küche etwas zu essen und zu trinken. Ich habe dann immer noch bis zu ihrem Feierabend auf meine Mutter gewartet, was manchmal sehr spät wurde, so dass ich am nächsten Tag in der Schule recht müde war mich nicht immer besonders gut konzentrieren konnte. Zum Glück sind an solchen Tagen keine Arbeiten geschrieben worden, denn ich war ja nicht der einzige, der bei der Treibjagd war.

Meine Leistungen in der Schule wurden, wie ich schon sagte, nicht wirklich besser und Rechnen und Raumlehre machten mir die meisten Schwierigkeiten. Nach wie vor fand sich keiner, der sich mit mir beschäftigt hätte. Meine Schulfreunde waren daran nicht interessiert, meine Schwester viel zu ungeduldig und meine Tanten und Onkel kamen bei einigen Aufgaben selbst an Ihre Grenzen. Meine Mutter war nach der Arbeit immer so geschafft, das Sie zu müde war um mir zu helfen und so brachte das nächste Zeugnis dann die Bestätigung. Alle Fächer waren entweder mit befriedigend oder ausreichend benotet aber Rechnen und Raumlehre gar mit mangelhaft und so festigte sich bei mir die Erkenntnis, dass ich wohl, anders als meine Schwester, kein Abitur machen würde und dass meine Fähigkeiten in anderen Bereichen zu suchen waren.

Vermutlich war ich nicht zum Theoretiker bestimmt und sollte sehen wie ich mich als Praktiker schlagen würde. Wie man so schön sagt lernen Babys mit den Augen und bei manchem hört das auch als Erwachsener nicht auf und geht ein Leben lang so weiter, wenn man seine Augen nicht vor der Zukunft und der Welt verschließt. Heute kann ich sagen, dass Abitur und Studium nicht unbedingt ein Garant für eine erfolgreiche Zukunft sind. Vielmehr das Interesse für Neues und die Bereitschaft Dinge auszuprobieren fördern großes zu Tage. George Bernhard Shaw sagte "Ihr aber seht und sagt: Warum? Aber ich träume und sage: Warum nicht?" Ein Zitat, das sich gut auf mein Leben anwenden lässt. Aber mehr dazu später.

Das Jahr 1957 verging ohne weitere Ereignisse und 1958 begann mit einem stärkeren Briefwechsel zwischen meinem Vater in den USA und mir, da er wissen wollte, was sein Spross in Good Olʻ

Germany so machte. Er schickte weiter Pakete und auch Fotos von seiner Familie und sich. Die Frage, wie es seinem Sohn in der Schule erginge verleitete meine Mutter den einen oder anderen giftigen Kommentar unter meinen Brief zu schreiben, woran mein Vater mittlerweile schon gewöhnt war. Aus damaliger Sicht, konnte ich das verstehen denn ich wusste ja nicht, wie die Verhältnisse in den Vereinigten Staaten waren. Meine Mutter wollte mehr Geld von Ihm haben da die Kosten für den Lebensunterhalt weiter stiegen und sie ja keinen Mann hatte, der zusätzliches Geld nach Hause brachte. Mein Opa in Kamp-Lintfort hatte eine ganz ordentliche Rente und meine Mutter verdiente ja schon mehr recht als schlecht aber das reichte noch nicht aus. Meine Schwester ging nach Paris um zu studieren und wenn sie auch von ihrem Vater, dem ersten Mann meiner Mutter, etwas Geld geerbt hatte brauchte Sie doch auch etwas Unterstützung. Mein Vater konnte auch nicht allzu viel schicken, da seine Frau immer aufpasste und so musste meine Mutter noch mehr arbeiten und ich mehr Zeit bei Oma und Opa verbringen.

Weil Sie jetzt einen längeren Weg zur Arbeit hatte, kaufte sich Mutter ein Kreidler-Fahrrad mit Hilfsmotor, was ihr den täglichen Weg erleichterte. Jeden Tag nach der Schule bin ich mit meinem Rad, ohne Hilfsmotor versteht sich, zu Opa und Oma zum Mittagessen gefahren und am Abend durch den dunklen Wald um meine Mutter abzuholen. Wenn ich aus dem Wald heraus war stand mir regelmäßig der Angstschweiß auf der Stirn. Es war ein schmaler weg mit vielen Kurven und kleinen Steigungen und man brauchte schon eine gute Lampe am Rad um wenigstens etwas zu sehen. Die Wochen und Monate vergingen auf immer gleiche Weise und als die großen Schulferien kamen stellten wir uns die Frage, was ich tun sollte. Wenn man wollte konnte man in den Ferien arbeiten und ich bekam ein Angebot von einem großen Bauernhof in der Nähe von Rayen. Von zehn bis achtzehn Uhr, montags bis freitags half ich für 30 Mark am Tag und Verpflegung aus wo immer ich gebraucht wurde. Kühe mit der automatischen Melkanlage melken, den Stall reinigen, auf dem Acker Heu ernten und so weiter. Das tollste für mich war, als mich der Bauer fragte ob ich mir zutrauen würde mit dem Traktor den Acker zu pflügen und am nächsten Tag mit der Egge zu glätten. Natürlich traute ich mir das zu, schließlich war ich ja schon mal auf einem Traktor, einem schöner alten Lanz-Bulldog, sie kennen das Geräusch „plop plop plop", mitgefahren, und habe beobachtet wie es funktionierte. Wir haben ein paar Runden gedreht und dann bin ich alleine auf dem Hof und Acker gefahren. Ich hatte die Arbeiten innerhalb von zwei Tagen erledigt und war überglücklich und nachts im Schlaf träumte ich immer noch vom „plop-plop-plop". So habe ich schon früh gelernt zu arbeiten, meine Mutter zu entlasten und Geld zu verdienen. Die Hälfte von meinen Einnahmen, gab ich meiner Mutter und als die Ferien fast herum waren, kam der erste Brandbrief von meiner Schwester aus Paris die Geld brauchte, weil alles so teuer war. Meine Mutter kratzte etwas Geld zusammen und schickte es ihr, was in den folgenden Jahren noch wesentlich öfter vorkommen sollte, so dass meine Mutter öfter mal weinte, weil Sie nicht immer wusste, wo Sie das Geld hernehmen sollte.

Obendrein kam jedes Jahr Mutters ältester Bruder und Familienpatriarch aus Paderborn zu Besuch. Da keiner von ihren anderen Geschwistern die Arbeit übernehmen wollte, kümmerte sich meine Mutter um die Pflege für Ihre Eltern und musste bei Ihrem Bruder regelmäßig zum Rapport antreten, was fast immer mit vielen Tränen endete. Es drehte sich immer um das gleiche Thema, das liebe Geld, von dem die Geschwister dachten, sie würde es im Keller stapeln, wie sich in den späteren Jahren herausstellen sollte. Also musste noch mehr gespart werden und das ging am besten da wo der geringste Gegenwind herkam, bei Ihrem Sohn, dem dritten Rad am Wagen, der nie aufgemuckt hat. Ich konnte ja auch Pullover und Pullunder meiner Schwester auftragen, nicht die Hosen weil ich kleiner und pummeliger war. Wenn, wie alle Jahre wieder, Weihnachten vor der Tür stand, brauchte ich mir über Wünsche keine Gedanken machen. Nach dem Weihnachtslied, Stille Nacht heilige Nacht, von meiner Mutter mit Tränen in den Augen auf unserem Klavier gespielt, konnte ich schon darauf wetten, was ich bekam. SOS-Socken, Oberhemd und Schlips. Meine Schwester war da schon wesentlich härter als ich. Da sie meiner Mutter etwas kleines, zum Beispiel ein schickes Halstuch aus Paris geschenkt hatte, konnte Sie ihre Wünsche leichter durchsetzen. Um die klamme Haushaltskasse wieder aufzufüllen, wurde das Klavier später verkauft.

Das Jahr 1958 ging dem Ende entgegen. Im neuen Jahr 1959 kreisten die Gedanken meiner Mutter wieder um ihren Sohn. Wo sollte er mit seinen mäßigen Zeugnisnoten eine Lehrstelle bekommen? Durch ihre Arbeit in der Gaststätte kannte Sie den Direktor des Bergwerks in Neukirchen-Vluyn der auch Mitglied im Jägerverein war und zu den Stammgästen zählte. Sie schilderte ihm ihr Problem und zeigte ihm mein letztes Zeugnis und als er sah, dass Sie Tränen in den Augen hatte, sagte er, dass er mich mal kennenlernen wollte. Gleich in der folgenden Woche trafen wir ihn in der Gaststätte wo er feststellte, dass ich, kräftig gebaut wie ich war, wenn ich mich handwerklich nicht zu blöde anstellen würde in drei Lehrjahren schon etwas schaffen könnte und meiner Mutter fiel ein Stein vom Herzen.

Am 16.März 1959 vier Tage nach meinem fünfzehnten Geburtstag bekam ich den schriftlichen Nachweis meiner mäßigen schulischen Begabung, mein Entlassungszeugnis, in dem unter Rechnen und Raumlehre ein Ungenügend zu lesen war. Das war der Hammer aber was sollte es noch ändern, und schließlich hatte ich ja eine Lehrstelle. In unserer Familie kehrte wieder Ruhe ein und ich habe meinem Vater jenseits des großen Teiches einen Brief geschrieben berichtet, dass es trotz der der schulischen Pleite weitergehen würde worüber er sehr erleichtert war.

Teil II

JUGEND

Am 01. April 1959 trat ich dann meine Lehre als Maschinenreparatur und Bauschlosser in der Niederrheinischen Bergwerks AG an. An vier Tagen der Woche konnte ich zeigen, dass ich mich nicht verstecken brauchte wenn es um praktische Arbeiten ging, doch an dem verbleibenden Tag in der Berufsschule wurde mir bewusst, dass mich meine persönliche Geißel, Raumlehre und Rechnen auch hier verfolgen würde.In der Schmiede, in der wir ebenso eingelernt wurden hatte ich einen Kollegen der mir viele Arbeiten am praktischen Beispiel zeigte, sowie zum Beispiel einen Flachstahl zu biegen dass er nachher 20 Zentimeter Durchmesser hatte ohne es vorher zu berechnen. Wir hatten einen guten Lehrlings-Betreuer, der unsere Gruppe sehr gut im Griff hatte aber im Lauf der Lehre merkte er doch immer mehr, dass die anderen alle in der Theorie besser waren als ich was dazu führte dass ich immer mehr Hemmungen bekam. Wenn ich vor dem großen Chef mit seinem weißen Anzug und dem weißen Helm stand und er mich anmeckerte zuckte ich zusammen und bekam kein Wort mehr heraus und begann immer mehr zu stottern. Als es bald noch schlimmer wurde besuchte meine Mutter mit mir einen Nervenarzt, der mir zunächst eine Kappe mit vielen Steckern auf den Kopf setze um die Hirnströme zu messen, wobei alles in Ordnung war. Als ich schließlich bei Ihm am Schreibtisch saß, fragte er mich nach meinen Problemen und ich fing an zu berichten. Nach einiger Bedenkzeit gab er mir schließlich den Rat, mir meinen Chef nackt unter der Dusche vorzustellen um zu erkennen, dass der einzige wirkliche Unterschied zwischen ihm und mir das Alter sei. Wenn es mir gelänge ein Leck mich am Arsch-Gefühl zu entwickeln würde auch bald das Stottern weniger. In der Praxis klappte das natürlich nicht auf Anhieb aber nach und nach stellte sich doch eine Verbesserung ein. Ich arbeitete an meinen Minderwertigkeitskomplexen und gab mir Mühe alles entspannter anzugehen, ganz ohne mit dem Chef zu duschen.

Eine schöne Abwechslung während der Lehre war der jährliche Betriebsurlaub der von unserem Betreuer organisiert wurde. So kamen wir in den drei Jahren zum Wintersport nach Bayern an die spanische Costa Brava und im September 1959 zum Zelten ans Steinhuder Meer, unweit von Hannover.Unser Betreuer und seine Frau hatten alles besorgt, was für die vierzehn Tage nötig war. Die Kosten teilten sich der Betrieb und die Eltern der Lehrlinge. Für meine Mutter eine nicht unerhebliche Anstrengung.

Im Zeltlager mussten wir uns an allen anfallenden Arbeiten wie Kochen, abwaschen, Zelte reinhalten und Ähnlichem beteiligen. In der Nachbarschaft befand sich eine Sportanlage mit Gaststätte, wo wir Dusche und WC benutzen konnten. Wir waren gerade ein paar Tage da, als ich plötzlich Besuch von der Schwester und dem Bruder meines Vaters bekam, die von meiner Mutter unterrichtet worden waren, dass ich am Steinhuder Meer bin. Weil mein Großvater väterlicherseits, der den Kontakt zu meiner Mutter stets gehalten hatte, mich unbedingt mal sehen wollte fuhren wir also die etwa dreißig Kilometer nach Stolzenau. Dort wurde ich herzlich mit Tee und Kuchen empfangen und alle wollten wissen, wie der Kontakt zu meinem Vater sei, wie oft er Pakete und Geld schicke und wie es meiner Mutter geht und was Sie macht. Ich merkte, dass der Großvater immer noch sehr erbost über meinen Vater war, weil er meine Mutter einfach hat sitzenlassen, nur weil er die Möglichkeit hatte mit seiner zweiten Frau in die Staaten auszuwandern. Erstaunt, waren alle auch über meine Ähnlichkeit mit meinem Vater. Für mich, war es sehr interessant, mal die Familie meines Vaters kennenzuler-

39

nen der natürlich von meinem Besuch in Stolzenau erfahren hatte. Großvater hatte ihm einen Brief geschrieben und zu Vaters Missfallen als ehemaliger Polizeiobermeister so richtig vom Leder gezogen, was mir im Nachhinein in einem Brief meines Vaters berichtet wurde. Da ich aber meinem Vater schon damals zu hundert Prozent ähnlich war, gelang es mir die Wogen mit den richtigen Worten wieder zu glätten, so dass bei jedem Wort sprichwörtlich das Öl tropfte. Der Apfel fällt eben nicht weit vom Birnbaum.

In der Zwischenzeit hatte meine Mutter einen kleinen Unfall mit ihrem Kreidler-Fahrrad bei dem der Hilfsmotor plötzlich während der Fahrt anfing zu brennen. Zum Glück konnte Sie auf den Randstreifen aus Gras abspringen ohne sich zu verletzten und konnte weiterarbeiten; einen Lohnausfall hätten wir uns sicherlich nicht leisten können. Mein Lehrgehalt von dem der Löwenanteil für den Haushalt draufging betrug anfangs achtundsiebzig, später einhundertzwanzig Mark, so dass für mich nicht viel übrig blieb. Mit 15 Jahren hatte ich, heute fast unvorstellbar, noch keine richtige Freundin, nur hier und da mal einen kleinen Flirt und mehr hätte ich mir auch nicht leisten können, denn wenn ich mal ausging, dann meistens mit fünf oder zehn Mark in der Tasche.

Zu dieser Zeit wurde der Rock'n'Roll groß und die Platten von Elvis, Little Richard, Fats Domino, Chuck Berry und anderen Größen drängten auf den angestaubten deutschen Musikmarkt. und so wünschte ich mir zum Weihnachtsfest ein Kofferradio, denn auch ich wollte die amerikanische Musik hören. Mein Wunsch wurde auf etwas drängen meiner Schwester erfüllt und so saß ich später meistens mit ein paar Freunden im Park wo der Empfang am besten war und brachten mit Rock'n'Roll etwas Schwung in eine eigentlich recht triste Zeit. Bei Titeln wie ‚Love me Tender' wurde mit den Mädels zärtlich geknutscht, wenn welche dabei waren.

Ansonsten verlief das Weihnachtsfest wie immer nur die Stille Nacht musste ohne Klavierbegleitung auskommen, da das ja verkauft war. Der Weihnachtsbraten, war ein Feldhase von der letzten Treibjagd, den wir umsonst bekommen hatten weil das Tier so viel Schrot abbekommen hatte das man sich schon mal die Zähne daran ausbeißen konnte. Während der Feiertage meldete sich der Oberpatriarch Hans und rief zum Rapport und die immer gleiche Frage nach dem Geld sorgte mal wieder für Tränen.

Das Jahr 1960 kam und brachte wenig Neues mit sich. Der Alltag ging weiter, meine Mutter ging arbeiten ich ging nach wie vor in die

Lehre und meine Schwester in Paris studierte. Wie auch vorher war ich in den praktischen Teilen der Ausbildung erfolgreicher als in den theoretischen und es sah auch nicht aus, als ob sich das ändern würde, da für eine professionelle Nachhilfe kein Geld da war. Immer wieder hörte ich die gleichen Aussagen, immer hieß es ich solle mich auf den Hosenboden setzen und lernen und ebenso wie immer lief ich irgendwie als drittes Rad am Wagen nebenher. Ich kann nicht sagen, dass es mir unter den Frauen, mit denen ich aufgewachsen bin schlecht ging, es fehlte ganz einfach ein Vater aber der war ja weit weg in Amerika.

Meine Mutter hatte in der Gaststätte nochmal einen gut aussehenden Mann kennengelernt, der aus Süddeutschland kam und angeblich Besitzer eines großen Gutes und eines Weinberges war. Meine Schwester ist mit meiner Mutter zum Bürgermeister gegangen um sich zu erkundigen, denn meine Mutter und er hatten Absichten, sich näher kennenzulernen und mussten erfahren, dass der vermeintliche Gutsbesitzer nicht mehr war als ein hochverschuldeter Hochstapler war. Wir hatten Mutter so sehr gewünscht den Richtigen zu finden und nun konnten wir lediglich Reinfall Nummer vier abwenden. So langsam gab Mutter die Hoffnung auf einen guten Mann auf.

Die Geldsorgen plagten sie, der Haushalt wollte besorgt und die Eltern gepflegt werden, der Sohn musste ernährt werden und meine Schwester schickte auch in regelmäßigen Abständen Bittbriefe aus Paris. Der Patriarch und die übrigen Geschwister ließen nicht locker, und versuchten herauszufinden, was Sie mit dem ganzen Geld anstellen würde.

Der zu dieser Zeit sehr populäre Schauspieler Heinz Rühmann sagte einmal: „Sorgen ertrinken nicht in Alkohol. Sie können schwimmen." doch meine Mutter, die schon immer geraucht hatte, suchte dennoch im Alkohol ihre Sorgen zu vergessen. Auch ich hatte schon mal Zigaretten versucht und auch wenn man am Anfang auch noch etwas hustet, gewöhnt man sich doch an alles. Sie dürfen nicht vergessen, dass man zu dieser Zeit die ungesunden Aspekte des Rauchens unter der Decke hielt und schließlich will man auch bei seinen Freunden dazugehören und nicht als Weichei abgestempelt werden.

So wurde also auch ich Raucher und da der Alkohol dann nicht weit ist, trank ich hin und wieder auch etwas, aber maßvoll.

Im März, kurz nach meinem sechzehnten Geburtstag, stand die nächste Urlaubsreise in den Wintersport nach Bayern zum Spitzingsee an und meine Mutter und ich, kratzten das Geld für die Finanzierung zusammen. Nach einer langen ermüdenden Fahrt mit einer Panne unseres Reisebusses kamen wir spät am Abend an und am nächsten Morgen sahen wir aus dem Fenster enttäuscht, dass der Schnee vor sich hin schmolz. Ein Bayer in der Pension sagte mir, dass "wenn d' Preißen kimma, dann hält der Schnee nimma" aber wir haben uns nicht entmutigen lassen und sind mit der ganzen Truppe, hoch auf den Spitzing zur drei Tannen Abfahrt wo die Schneeverhältnisse sehr gut waren. Schuhe und Ski wurden angepasst und wir begannen damit den Schneepflug zu üben. Jeder, der das Skifahren gelernt hat weiß wie das geht und so ging es jeden Tag weiter, dann mit enger Skiführung und richtiger Gewichtsverlagerung bis wir so einigermaßen fit waren. Aber wie immer sind 14 Tage schnell vorbei wenn man Spaß hat und so stand bald wieder die Heimreise an. Meine Mutter war froh als ich mit heilen Knochen wieder zu Hause angekommen war denn so konnte ich mich immer etwas um Oma und Opa kümmern. Auch im Garten konnte ich etwas Arbeiten, da wir dort Gemüse angepflanzt hatten.

1960 war auch das Jahr, in dem wir unseren ersten Fernseher bekamen, einen Philips Bellini mit Schiebetür vor dem Bildschirm so
dass er immer wie ein Schrank aussah. Es kamen die ersten Unter-
haltungssendungen, natürlich noch in schwarz-weiß, und die ganze
Familie versammelte sich vor dem Fernseher. Das Jahr endete und
1961 kam ohne das etwas Besonderes geschah, wenn man von dem
Besuch des Familien Patriarchen absah, aber das kennen Sie ja
schon. Es war Immer das gleich Spiel und von der Familie kamen
auch keine besseren Vorschläge. Ja, meine Mutter konnte einem
schon richtig leid tun.

Erst im Sommer gab es etwas Abwechslung. Das dritte Lehrjahr
brachte in den Betriebsferien einen Urlaub an der spanischen Costa
Brava. Wieder brachte uns ein Reisebus an unser Ziel. Nach zwei
anstrengenden Tagen Fahrt mit einer Übernachtung im französischen Lille kamen wir endlich in Sol de Mar an. Wir waren in einem kleinen Hotel untergebracht und sind am folgenden Tag nach
dem Frühstück gleich an den Strand gegangen, der nicht weit vom
Hotel entfernt war. Müde wie wir waren schliefen wir am Strand ein
obgleich die Sonne extrem heiß brannte und so hatten einige der
Kollegen und ich einen ordentlichen Sonnenbrand, gegen den Sen-

horita Dolores unsere Hotelchefin das geeignete Mittel hatte. Eine Zitrone auf die roten Stellen nimmt sofort die Hitze aus der Haut. Jaja, Erfahrung macht klug.

Einen Tag später ging es mit dem Bus nach Barcelona zum Stierkampf, was sehr beeindruckend war, denn schließlich hatten wir bisher in Deutschland bestenfalls mal von dieser Sportart gehört. Auf dem anschließenden Stadtbummel besuchten wir die eine oder andere Bar, denn wenn es heiß ist soll man ja bekanntlich viel trinken. Da wir aber am Abend die großen Wassersspiele in der Stadtmitte ansehen wollten hielten wir uns beim Alkohol dann doch etwas zurück. Am nächsten Tag waren wir noch ganz geschafft von den Erlebnissen und so kehrten wir an den Strand zurück, geschützt gegen die Sonne versteht sich. Die gute und reichhaltige spanische Verpflegung und der allabendliche Alkoholgenuss ließ die Kleidung enger werden und als ich nach Hause kam war meiner Mutter die Überraschung anzusehen. „Einmal kommst Du nach fünf Wochen als Spargelstange und einmal nach zwei Wochen als Rollbraten nach Hause" waren ihre Worte. Die hundert Kilo die ich damals wog reduzierten sich im deutschen Alltag allerdings bald wieder auf etwas gemäßigtere fünfundachtzig.

Kurze Zeit später am 10. September 1961 verstarb dann meine Oma und nach den Trauerfeierlichkeiten setzte sich die ganze Familie zusammen und beriet sich darüber wie es weiter gehen sollte, wer die Pflege des Opas übernehmen sollte und, welch Überraschung, wie es sich nun mit dem Geld verhielt. Nur die Arbeit, die wollte am Ende doch keiner auf sich nehmen und so also blieb alles wie gehabt.

Zuerst gaben wir unsere Wohnung in Rayen auf und zogen nach Kamp-Lintfort, Mutter bezog das Zimmer meiner Schwester und ich schlief neben Opa. Immer mehr beschäftigte auch ich mich mit dessen Pflege. Mutter machte den Haushalt wenn ich arbeiten war, wusch, kochte und ging einkaufen. Mein Opa konnte sehr jähzornig werden, was die Arbeit mit Ihm nicht immer leicht machte. Nach jedem Einkauf wollte er die Rechnung sehen und hielt ein strenges Auge auf die Kosten. Als es einmal darum ging das eine Tüte Reis teurer geworden war und er das nicht glauben wollte wurde er immer lauter und schlug schließlich mit der Faust auf die Tüte so dass sich der Reis in der ganzen Küche verteilte. Er beruhigte sich dann auch wieder doch selbst wenn er danach lachte und alles wieder gut war, hatte Mutter einfach nicht die Nerven dafür. Wenn ich von

47

der Arbeit kam, erzählte mir davon, wenn etwas ähnliches vorgefallen und ich ging zu Opa und sagte ihm meine Meinung was dazu führte, dass er ganz kleinlaut wurde. Es dauerte nicht lange bis deutlich wurde, dass ich besser mit Ihm fertig wurde als meine Mutter. Wenn ich Ihm gegenüber lauter wurde, wurde er ganz freundlich und ich merkte, dass mir die Arbeit mit älteren Menschen Spaß machte. Offenbar hatte ich den richtigen Draht zu ihnen und ein gutes Gespür dafür, wie ich mit Ihnen umgehen musste und so wurde die Pflege meines Opas mehr und mehr meine Aufgabe. Der Gedanke, später mal Krankenpfleger zu werden wurde mir aber schnell ausgeredet, da ich etwas „vernünftiges" lernen sollte.

Für meine Mutter wurde es immer schwieriger, alles auf die Reihe zu bekommen. Bei jedem Wetter fuhr Sie auf Ihrer Zündapp zur Gaststätte und am späten Abend zurück bis sie 1962 endlich den Führerschein machte. Von der ganzen Familie wurde ein VW Käfer besorgt damit meine Mutter es etwas leichter haben sollte und damit Opa auch mal herauskam und für mich bedeutete das, dass ich nicht mehr so oft mit dem Rad zur Gaststätte fahren musste, um meine Mutter zu begleiten. Das und die Tatsache, dass Ich die Zündapp von meiner Mutter bekam machten auch meinen Alltag etwas leichter. Die Arbeitsteilung zwischen uns, klappte immer besser. Bei Opa, der ja schon das zweiundachtzigste Lebensjahr erreicht hatte, zeigte sich das Alter immer deutlicher. Die ersten Anzeichen einer Demenz und einer beginnenden Stuhlinkontinenz wurden deutlich. Ab und an fand man auf dem langen Flur zum WC in Abständen kleine Häufchen, die ich beseitigen musste. Da war es von Vorteil, dass der Flur Steinfliesen hatte und man ihn schnell reinigen konnte.

Nun rückte das Ende meiner Lehre näher und die Prüfungen standen an. Im praktischen Teil konnte ich mit befriedigend aufwarten aber die Theorie war leider nicht gut genug und so war ich durchgefallen. Es dauerte sehr lange bis ich das Ergebnis bekam. Die Prüfungskommission hatte mit dem Bergwerkschefchef und dem Ausbilder beschlossen meine Ausbildung um zwei Jahre zu verlängern. Es war endgültig an der Zeit, jemanden zu finden, der mir in der Theorie auf die Sprünge helfen konnte. Nach kurzer Suche, fand ich einen jungen Mann, der Mathematik studiert hat und mit dem ich mich auf Anhieb verstand. Ich verstand die schweren Aufgaben sofort aber da mir einige Grundlagen fehlten hatte ich genau mit den Aufgaben Probleme die auf diesen Grundlagen aufbauten und so lernte ich mit meiner neuen Unterstützung fleißig und bald stellten sich erste Erfolge ein. Die zwei Jahre gingen vorüber und ich bestand die erneute Prüfung, was meine Mutter überglücklich stimmte. Anstelle einer großen Feier machten wir eine vierzehntägige Urlaubsreise nach Österreich in eine kleine Pension unweit der Schweizer Grenze. Ich merkte, wie meine Mutter sichtbar aufblühte und da eine ihrer Schwestern auf Opa achtgab musste sie sich auch darum keine Sorgen machen. Sie ahnen es sicher, die zwei Wochen waren schnell vorbei und der Alltag zog wieder ein. Da ich ja nun endlich ausgelernt hatte, musste ich auch in drei Schichten arbeiten, so dass es nicht immer leicht war für den Opa da zu sein. Als Achtzehnjähriger interessiert man sich ja auch für das schöne Geschlecht und wenn es auch nicht ganz so schwer war eine Freundin zu finden so war es doch erheblich anspruchsvoller diese auch zu halten. Wie ich ja bereits erzählt habe, ging ein großer Teil meines Einkommens in den Haushalt.

Wie beim Bundeshaushalt müssen alle etwas zurückstecken, wenn etwas außerhalb der Planung dazwischen kommt und meistens ist es so, dass derjenige, der am schwächsten ist, am meisten zurückstecken muss. Wie Sie sicher schon richtig vermuten, war ich immer derjenige, bei dem am meisten gespart wurde.

Meine Schwester war da schon wesentlich cleverer. Sie hat in Paris etwas von Ihrer Kleidung verkauft und davon etwas für meine Mutter gekauft. Wenn Sie dann in Kamp-Lintfort war, kam das immer sehr gut an. Da ich kaum Geld zur Verfügung hatte, geschweige denn etwas zu verkaufen hatte, blieb ich weiterhin das dritte Rad am Wagen. Aber ich habe mich nicht beschwert, denn es ging ja um meine Mutter, die sicher die größte Last zu tragen hatte. Der erste Mann im Krieg gefallen, der zweite mit einer Freundin durchgebrannt, der dritte ein verschwundener Spitzel aus dem Osten und zu guter Letzt ein Hochstapler. So habe ich still gehalten und Sie unterstützt, wo es nur ging. Wenn sie mal eine Freundin eingeladen hatte und ich die Damen ein bisschen bedient hatte, kam schon mal der Spruch „Wenn Du nicht so jung wärst, würde ich Dich sofort heiraten." Schon damals war ich eben ein Frauenversteher.

Wie auch die Jahre zuvor ging das Jahr 1962 mit Vorwürfen der Familie dem Ende entgegen und kurz nach dem Jahresbeginn kam wieder der obligatorische Brief aus Paris, mit der Bitte um Geld, die wie immer erfüllt wurde.. Auch für mich kam 1963 ein Brief, allerdings von der Bundeswehr. Kai Uwe Hassel, seinerzeit Verteidigungsminister winkte doch ich lehnte den Kriegsdienst ab und trat in den zivilen Bevölkerungsschutz ZBV ein. Abgesehen von regelmäßigen Übungen, zum Beispiel Verletzte und Tote aus zusammengebrochenen Häusern retten oder Schwerverletzte nach Erdbeben bergen, war alles wie immer. Es war eine tolle Truppe und es wurde auch viel dabei gelacht. Ich konnte das alles sehr gut unter einen Hut bringen, da ich ja für die Übungen von der Arbeit freigestellt wurde. Im Frühjahr 1963 äußerte meine Mutter den Wunsch, dass ich den Führerschein machen sollte, damit ich mit Opa etwas mehr unternehmen konnte. Für mich war das der Anfang der Erfüllung meines Kindertraumes Busfahrer zu werden und das stimmte mich sehr glücklich. Ich besuchte die gleiche Fahrschule wie meine Mutter und brauchte lediglich sechs Fahrstunden um den Führerschein beim ersten Mal zu bestehen. Von Anfang an bin ich sehr viel gefahren, habe meine Mutter zur Arbeit gebracht und abgeholt und mit Opa an den Wochenenden größere Tagestouren gemacht. Und mit dem Führerschein stiegen die Chancen bei den Mädels, denn in den sechziger Jahren gab es viele Hallen, in denen verschiedene Rockgruppen auftraten. Ich hatte viel Spaß aber eine richtige

Freundin hatte sich noch nicht gefunden, da ich zwar ein Auto aber kein Geld hatte. So wurde ich dann ein bisschen zum Einzelgänger und besuchte die Auftritte der verschiedenen Gruppen alleine. Und doch lernte ich bald ein nettes Mädel kennen mit dem ich sehr lange zusammen blieb, bis Sie einen anderen kennenlernte, der schon alleine wegen der besseren Schulbildung bei Ihren Eltern populärer war. Zwar blieben wir in Kontakt aber damit war auch kein Blumentopf zu gewinnen und letzten Endes ging es auch ohne Freundin weiter, denn ich lernte Arthur kennen. Als ich an einem Wochenende mit dem VW an einer Tankstelle auf dem Waschplatz stand, um das Auto zu polieren, stand er neben mir und brachte seinen Fiat auf Hochglanz und so kamen wir ins Gespräch darüber, welches Wachs wohl am besten sei. Im weiteren Verlauf der Unterhaltung stellten wir fest, das seine Eltern meine ganze Familie kannte, denn sein Vater war auch auf der Zeche Friedrich-Heinrich in Kamp-Lintfort beschäftigt, wo mein Opa und meine drei Onkels beschäftigt waren und so wurden wir im Lauf der Zeit richtig dicke Freunde. Seine Eltern hatten auch eines von diesen Bergmannshäusern wie mein Opa mit einem großen Garten hinter dem Haus. Arthur war bei einer Schreibmaschinen-Firma als Vertreter beschäftigt und dadurch viel unterwegs. Er war damals ein ranker und schlanker Bursche im Gegensatz zu mir und wenn ich sah, was er zum Abendbrot verzehrt hatte, wurde ich immer ein bisschen neidisch. Nun ja, er hatte auch mehr Stress und einen besseren Energieumsatz. Die wenige Zeit die wir beide hatten, verbrachten wir meistens im Garten seiner Eltern mit Tischtennis spielen oder wir besuchten ein Rock Konzert, was damals übrigens noch wesentlich preiswerter war als heute, unter anderem weil die Hallen wesentlich kleiner waren. Die übrigen Tage des Jahres vergingen auf die immer selbe Art. Neben der Arbeit unternahm ich so viel es ging mit Opa, versorgte ihn wenn Mutter in der Arbeit war und ab und an gab es eine ZBV Übung.

Zwischenzeitlich kam mal wieder ein Brief aus den USA von meinem Vater der wissen wollte, wie es mir geht und ein Brief aus Paris. Dieses mal kein Ersuchen um Geld sondern die Nachricht, dass meine Schwester einen netten Mann kennengelernt hat, was ja auch zu erwarten war, denn nebenbei arbeitete Sie als Fotomodel für eine Modezeitschrift um ihr Studium mitzufinanzieren. Ob sie mit einem Freund wohl genug Zeit für ihr Studium haben würde? Das Jahr neigte sich dem Ende zu und obwohl Mutter die gleichen

Vorwürfe bekam wie jedes Jahr war ich mit meinem Leben nicht unzufrieden. Meine Ansprüche waren nicht so groß und ich war durch meine Arbeit und die Pflege beschäftigt und konnte einen relativ großen Teil des Haushalts bestreiten. Nur wenn ich selbst eine Familie gründen würde, würde ich alles machen, dachte ich mir. Zukunftsangst hatte ich trotz aller Sorgen und Einschränkungen keine, dafür war ich viel zu positiv eingestellt.

Und so lernte ich 1964 meine spätere Frau kennen. Sie arbeitete in einer Reinigung, sah süß aus, war sehr freundlich und bei mir funkte es sofort aber ich musste mir etwas einfallen lassen um Sie näher kennenzulernen. Aus dem vollen Kleiderschrank nahm ich eine der vielen Krawatten von meinem Opa und versah sie mit einigen Flecken und brachte mal eine oder zwei in die Reinigung, natürlich nur, wenn sie auch da war. Nach einiger Zeit, sie war alleine im Laden, holte ich tief Luft und fragte sie, ob ich sie mal zum Essen einladen könnte. Sie hatte schon registriert, dass ich nur wegen Ihr in die Reinigung kam aber ließ mich noch zappeln sagte mir aber bei meinem nächsten Besuch zu. Wir gingen in ein Restaurant, aßen gut und unterhielten uns über unser Leben und unsere Familien. Dabei erfuhr ich, dass sie noch bei Ihren Eltern lebte zusammen mit ihrer Urgroßoma, Mutter, Schwester und zwei Brüdern. Sie fand es sehr sympathisch, dass ich meinen Opa pflegte. Mir gefiel von Anfang an, dass sie bescheiden und nicht so fordernd war, wie die meisten anderen Mädels, die ich kennengelernt hatte. Nach dem Essen fuhr ich Sie dann nach Hause und es blieb erst mal die einzige Verabredung. Meine Begeisterung ließ mich nicht mehr los, so dass ich immer mehr Kleidung in die Reinigung schleppte. Als meine Mutter merkte, dass der Kleiderschrank immer leerer wurde musste ich Ihr gestehen was los war und beim Abholen der Wäsche lernte sie sie dann auch kennen und fand Sie sehr nett.

Im März 1964 hatte ich Urlaub und bin alleine mit dem VW nach Paris gefahren um meine Schwester besu-  chen. Am Morgen um zehn fuhr ich über Holland und Belgien vor Energie strotzend los bis ich nach einigen Pausen um siebzehn Uhr in Saint Denis am Rande der französischen Hauptstadt ankam. Den ganzen Tag war ich fast alleine auf der Straße und nun tat sich plötzlich eine Wand von lauter Autos vor mir auf.

In sechs Reihen schob sich der dichte Berufsverkehr durch die Straßen der Stadt. Das hatte mich dann doch geschockt so dass mein Fuß auf der Kupplung fürchterlich anfing zu zittern und ich musste erst mal auf den nächsten Parkplatz fahren um mich etwas zu entspannen. In meiner jugendlichen Naivität nahm ich an, dass der Verkehr schon bald nachlassen würde, was sich schnell als Fehleinschätzung erwies. Ich blickte auf den Stadtplan, auf dem ich mir die Strecke eingezeichnet hatte, Navigationsgeräte und Mobiltelefone gab es damals noch nicht, und sagte mir, was die können, kann ich auch und so fuhr ich mit meinem VW an die Ausfahrt des Parkplatzes und wollte den Motor abstellen, weil ich dachte, dass mich da eh keiner einfahren lässt. Aber, das scheint nur eine Sitte in Deutschland zu sein. Ich hatte den Zündschlüssel noch in der Hand, da winkte mich schon ein freundlicher Franzose in den fließenden Verkehr hinein. Mein Kopf fing an zu glühen. Ich fuhr in den Pulk hinein und es ging immer geradeaus. An den Ampeln fiel mir auf, dass die Franzosen nie bis zur weißen Haltelinie fahren, sondern immer etwa fünf Meter davor stehen bleiben. Ich fuhr natürlich bis zur weißen Linie, weil ich dachte, dass ich dann einen Blitzstart hinlegen könnte.

An jeder Ampel standen im Berufsverkehr immer ein oder zwei Polizisten, die den Verkehrsfluss beobachten. Der Flic an meiner Ampel, lächelte zu mir herüber. Da ich freundlich bin, lächelte ich zurück. Das rote Ampellicht zuckte kurz, ich hörte ein lautes Motorengeräusch und Die Franzosen rauschten an mir vorbei. Der Grund dafür war, dass die rote Ampel drei Mal blinkt und dann gleich auf grün springt. An der nächsten Ampel, ich hatte das Prinzip begriffen stand ich in der zweiten Reihe und als die Ampel auf Grün sprang und der Pkw vor mir nicht losfuhr wollte ich ausscheren. Die Servolenkung gab es ja noch nicht und so passierte es, dass Ich seine Stoßstange ganz leicht mit meinem Kotflügel gestreift hatte. Schon war der Fahrer aus seinem PKW gestiegen und fing an mit mir auf Französisch zu schimpfen. Ich sah, das an seiner Stoßstange nur ein kleiner Lackstreifen von meinem Kotflügel war Ich nahm ein Putztuch und wischte den Lackstreifen weg, gab ihm die Hand und entschuldigte mich worauf er mich anlächelte und alles war erledigt. Auch der Flic an der Ampel lächelte und winkte warnend mit seinem Zeigefinger.

Nach der Kreuzung hielt ich an, da sogar mir klar war, dass ich nie bei meiner Schwester ankäme, wenn ich nur geradeaus fahren würde. Ich nannte dem Flic die Adresse meiner Schwester und er zeichnete mir den genauen Weg auf der Karte ein. Das war eine große Hilfe, doch es gab nur ein kleines Problem denn ich musste auf die linke Fahrspur und sah in dem dichten Gefühl keinen einfachen Weg um die sechs Reihen von Autos zu durchdringen. Wieder hatte ich Glück und ein Fahrer vor mir kurbelte sein Seitenfenster herunter, streckte seinen Arm aus dem Fenster und zeigte an, dass er auf die andere Seite musste. Also tat ich es ihm nach und einen kleinen Schweißausbruch später hatte ich es geschafft. Nach etwa eineinhalb Stunden Fahrt durch Paris kam ich dann bei meiner Schwester und Ihrer Freundin Nicole an. Auf die Frage wie alles geklappt hatte, war meine Antwort natürlich ein ganz cooles „Alles ganz einfach".

Eine Woche wohnte ich bei den beiden Mädels und meine Schwester zeigte mir die Stadt. Notre-Dame, den Louvre, den Eifelturm und die Metro, die auf einer Kombination aus Stahl und Luftreifen fuhr, weswegen sie auch bei der Einfahrt in den Bahnhof besonders leise war. Interessant für mich als jungen Autofahrer war, dass Die Franzosen ihre Autos sehr dicht hintereinander parkten, die Räder immer gerade stellten und keine Handbremse anzogen, und keinen Gang einlegten. Beim ein oder ausparken, wurden die Autos dann, mit Gefühl, alle etwas und da sich die Stoßstangen alle in der gleichen Höhe befanden, passierte fast gar nichts. Ich dachte mir schon damals, dass diese Art Parkraum zu sparen bei uns unvorstellbar wäre.

An meinem letzten Tag in Paris, hatte ich mehr Zeit für mich, die ich nutzte um mich in ein Bistro unweit der Wohnung meiner Schwester zu setzen und den Flic zu beobachten, der auf der großen Kreuzung stand und den Verkehr regelte. Es war ein Traum, ihn zu beobachten. Der eckige Hut, der weite Umhang, die Triller-Pfeife im Mund und ständig pfeifend und mit den Armen winkend, leicht tänzelnd bei seinen Drehungen. Ich bekam einen Lachanfall, als eine französische Lady im offenen knallroten Cabrio mit wehenden blonden Haaren, großer Sonnenbrille, Sonnenhut mit breiter Krempe auf die Kreuzung raste, obwohl sie hätte halten müssen. Aber der Flic kannte kein Pardon. In der Mitte der Kreuzung stand Sie und lächelte den Flic an doch der hatte schon die Quittung für die fällige Geldstrafe in der Hand die sie mit zitronensaurer Mine bezahlte. Der Flic bedankte sich freundlich lächelnd und das Cabrio rauschte davon.

Am nächsten Tag fuhr ich dann nach Hause. Meine Schwester bat mich noch einen Bekannten aus Duisburg mit zu nehmen, was ich gerne tat, weil die Fahrt dadurch weniger eintönig würde. Nachdem ich Ihn in Duisburg abgesetzt hatte und weiter in Richtung Kamp-Lintfort fuhr, wurde ich plötzlich von einem Polizeiwagen gestoppt. Als der Polizist mich fragte, ob ich wüsste, was ich falsch gemacht habe, konnte ich es ihm nicht sagen und er fragte mich wo ich denn gerade herkomme. Ich sagte Ihm, dass ich am frühen Morgen in Paris losgefahren bin worauf er lächelte und Verständnis zeigte. Ich hatte sechs Autos auf der rechten Seite überholt und im Gegensatz zu Frankreich war und ist das bei uns ja nicht erlaubt. Er akzeptierte meine Entschuldigung und bat mich daran zu denken, dass ich wieder in Deutschland bin. Das tat ich auch und demonstrierte es in dem ich den Polizeiwagen links überholte. Meine Mutter strahlte über das ganze Gesicht als ich wieder zuhause war und nachdem ich Ihr alles von meinem Besuch in Paris berichtet hatte, sagte ich Ihr voller Stolz, das ich in Paris erst mal richtig Autofahren gelernt habe.

61

Der Urlaub war zu Ende und ich musste wieder arbeiten gehen. Bis zum Herbst 1964 verging die Zeit relativ schnell und neben der Arbeit und der Pflege meines Opas traf ich mich mit meiner Freundin. Anfang Oktober musste ich wieder zu einer anstrengenden aber auch lustigen zehntägigen Übung mit dem ZBV. Ich lernte viel dazu aber freute mich dann auch darüber, wieder nach Hause zu kommen. Die Rückfahrt war sehr unterhaltsam und wir erzählten uns einen Witz nach dem anderen, kamen aus dem Lachen kaum heraus.

Als wir an unserer Station ankamen sah ich den VW meiner Mutter kommen und dachte, dass das ja perfekt funktionierte doch am Steuer saß Bernhard, der Mann meiner Cousine Ursula. Ich dachte nur dass meine Mutter gerade keine Zeit hat weil am gleichen Vormittag die Taufe von Susanne, der Tochter von meiner Cousine Kajo im Krankenhaus in Sevelen stattfand doch als wir losgefahren waren sagte mir Bernhard, dass etwas Schlimmes passiert sei. Ich fragte gleich ob der Opa gestorben sei weil er ja schon über achtzig Jahre alt war und nach kurzem Zögern erzählte er mir, dass meine Mutter während der Taufe einen Herzinfarkt erlitten hatte, den sie nicht überlebte. Während der Taufe in der Kapelle wurde Ihr übel und sie wollte an die frische Luft. Auf der nahen Treppe brach Sie zusammen. Der Arzt, der knapp drei Minuten später da war, konnte nur noch den Tod feststellen.

Ich konnte es erst gar nicht begreifen und das änderte sich auch nicht als ich Sie vor der Beerdigung aufgebahrt im Sarg liegen sah. Ich konnte nicht einmal weinen und fand, dass sie aussah als ob sie schläft. Ich hatte einen mentalen Schutzkäfig um mich herum aufgebaut, denn ich musste weiter funktionieren, weil der Opa ja auch da war. Doch als mir dann jeder sein Beileid verkündete, brach dieser Schutzwall ein. Ich musste eine kurze Zeit für mich alleine sein um mich wieder zu fangen. Ich fragte mich warum meine Mutter schon mit sechsundvierzig Jahren sterben musste ohne je viel vom Leben gehabt zu haben. Immer nur Arbeit und kaum Vergnügen. Immer war sie für die Familie da und kaum jemand hat es Ihr je gedankt. Alle dachten immer, dass Sie viel Geld von Opas Rente abzweigt und im Keller versteckt. Am nächsten Tag nach der Beerdigung kam die ganze Familie zusammen und hat darüber beraten wie es weiter geht. Wir saßen alle in die Opas Wohnung zusammen. Eine Tante von mir hatte sich wirklich in den Keller verkrochen um ihn aufzuräumen. Weil wir uns alle unterhalten wollten, ging ich in

63

den Keller um Sie zu holen und als ich sah, wie perfekt Sie dort aufgeräumt hatte, rutschte mir die Frage heraus ob sie auf eine Goldader gestoßen sei. Sie hatte nur einen Versicherungsschein von mir über eine Lebensversicherung gefunden und die anfängliche Freude darüber, Geld zu finden war geplatzt. Alle wollten Opa haben, wegen der tollen Rente, aber dann auch nur mit mir, weil keiner mit dem Opa umgehen konnte. Nach langen Beratungen wurde beschlossen, dass wir zu Hein und Lene, dem Bruder meiner Mutter und seiner Frau in die Bertha Straße ziehen würden wo er ein Bergmannshaus, bewohnen konnte, weil er lange genug auf der Zeche gearbeitet hat.

Dort gab es genug Platz für Opa und mich und so lösten wir die alte Wohnung auf und brachten alles was nicht mehr gebraucht wurde mit dem VW auf die Müllkippe. Es war sehr viel Arbeit für Hein und mich denn es fand sich keiner mehr der uns helfen wollte.

Meine Cousine Ursula, die Tochter von Hein und Lene hatte am 1. Mai 1964 geheiratet wodurch noch ein Zimmer frei wurde. Das meine Mutter nicht mehr da war, war mir immer noch nicht so richtig bewusst, weil ich einfach zu viel zu arbeiten hatte auf der Zeche im Schichtbetrieb und die Pflege von Opa Pflege, der sich von sonst keinem anfassen ließ. Es kam schon mal vor, dass er am Abend um dreiundzwanzig Uhr noch vollständig angezogen in seinem Bett lag und er konnte sehr jähzornig werden, wenn er unwillig war. Da ich nun für die Pflege meines Opas von der Bundeswehr freigestellt war, schickte man ab und zu, zwei Damen von der Fürsorge zu mir wegen der Kontrolle und wenn Opa hörte, dass zwei Frauen Ihn besuchen wollten, war er schon vollkommen aus dem Häuschen. Ich habe Ihn dann auch immer besonders rausgeputzt und er strahlte über das ganze Gesicht. Wenn die Damen wieder einmal bestätigten, dass ich die Pflege ernst nahm und alles zum Besten stand, wurde ich weiter freigestellt.

Nachdem die Trauer sich im Laufe der Zeit etwas gelegt hatte, kümmerte ich mich auch wieder mehr um meine Freundin und wir trafen uns immer öfter. Sie brachte sehr viel Verständnis für mich auf und wir redeten viel, auch über Ihre Jugend. Sie stammte aus Ostpreußen und war mit Ihren Eltern aus dem Osten geflüchtet. Ihr Vater war schon lange verstorben und sie lebte mit Ihrer Großmutter, Mutter, zwei Brüdern und einer kleinen Schwester bei mir in der Nähe. Wie es eben so ist, wenn man sich öfter sieht, dann funkt es immer mehr und so wuchs in mir der Gedanke sie heiraten zu wollen.

Teil III

EHELEBEN

Das Jahr 1965 begann wie immer, mit der Arbeit als Schlosser auf der Zeche Friedrich-Heinrich in Kamp-Lintfort, meinem Opa und das angenehmste von allem, meine Freundin, Dietlinde. Opa, der mittlerweile fünfundachtzig Jahre alt war und volle fünfzig Jahre gearbeitet hatte, davon dreißig Jahre unter Tage als Schachtsteiger, wurde deutlich schwächer und sein Gesundheitszustand war mittlerweile so schlecht, dass wir ihn in ein Krankenhaus brachten, wo man feststellte, dass er kaum noch Reaktionen zeigte. Nach einer Woche ist er dann friedlich eingeschlafen, womit mein Teilzeit-Pflegeberuf erst einmal beendet war.

Ich wohnte weiter bei Hein und Lehne, bezahlte Kost und Logis und die Beziehung zu meiner Freundin wurde immer enger, so dass ich auch mal zum Kaffee eingeladen wurde. Sie wohnte über einem Gasthaus in der zweiten Etage und ich hatte etwas Herzklopfen, als ich das erste Mal bei Ihren Eltern war. Mit der Großmutter, hatte ich mich gleich verstanden, mit Ihrer Mutter war das schon schwieriger, woran die Kirche nicht unschuldig war. Die Religion hatte zu dieser Zeit deutlich mehr Bedeutung in der Gesellschaft als heute und eine Vermischung der Konfessionen war zumeist unerwünscht und schwierig. Selbst bin ich katholisch getauft worden, Dietlinde protestantisch und meine Schwiegermutter in Spe besuchte die Freikirche.

Meine Freundin und mich interessiert das nicht aber als wir uns einige Zeit später verlobt hatten, ging die Diskussion nicht nur in Ihrer Familie, sondern auch bei meiner Tante Lene los und die Frage, wie ich denn heiraten wolle, beherrschte das tägliche Gespräch. Eines Tages platzte mir der Kragen und ich sah mich gezwungen meiner Tante zu erklären, dass an erster Stelle der Mensch steht und nicht der Glaube und das es mir völlig egal ist ob wir Evangelisch oder Katholisch heiraten. Außerdem ging es um meine und nicht um Ihre Hochzeit. Das hatte dann erst mal gereicht. Nur bei meiner Schwiegermutter hatte das Thema kein Ende. Mittlerweile war nicht nur meine Konfession Gegenstand der Auseinandersetzung sondern auch die Frage ob ein einfacher Schlosser von gerade einmal zwanzig Jahren überhaupt eine Familie ernähren könnte? Sicher einen Opa konnte ich pflegen aber eine Ehe zu führen, war wohl doch eher unvorstellbar. Ich sah mich wie schon so oft damit konfrontiert, dass man mich unterschätzte.

Und wie reagierte ich in solchen Fällen? Richtig. Jetzt erst recht, Du wirst es Ihnen schon zeigen. Dieser Gedanke zieht sich wie ein roter Faden durch mein Leben aber davon später mehr.

Dietlinde und ich haben uns davon auf jeden Fall nicht abschrecken lassen, obwohl es manchmal unglaublich anstrengend und nervenaufreibend war. Allein mein Vater in Amerika war sehr erfreut über meine Pläne von denen ich ihm berichtete und davon, dass nach dem ganzen Ärger und der Trauer über meine Mutter wieder etwas Stabilität in mein Leben kam. Er unterstütze mein Vorhaben und betonte, dass ich, genau wie er, ein Kämpfer war. Unsere Devise war immer „nach vorne schauen, Ärmel hoch und durch" und ist es immer noch. Langsam legte sich auch die Aufregung und wir beschlossen zu heiraten. Um eine gemeinsame Wohnung zu bekommen mussten wir erst vor dem Standesamt antreten und den Bund der Ehe eingehen denn schließlich musste ja alles seine Ordnung haben. Und so erschienen wir am 3. August 1965 vor dem zuständigen Beamten der uns zu Mann und Frau erklärte. Nun konnte ich auf der Zeche Friedrich-Heinrich eine Betriebswohnung bestellen, was auch sehr schnell funktionierte und im Oktober 1965 festigten wir den Bund fürs Leben in dem wir uns in der Kirche das Jawort gaben. Meine Schwiegermutter konnte sich noch immer nicht an den Gedanken gewöhnen, dass Ihre älteste Tochter jetzt verheiratet ist und ein eigenes Leben führt und da wir nicht viel Geld hatten, hatten wir uns entschlossen, unsere Hochzeitsfeier im kleineren Kreis zu feiern und zwar bei meinen Schwiegereltern. Damit das Theater mit dem Glauben endlich aufhörte, hatten wir uns entschlossen evangelisch zu heiraten. Am Tag der Hochzeit, war das Wetter traumhaft und nicht nur meine Schwester aus Paris war angereist, auch der Oberpatriarch und die restliche Verwandtschaft kamen um Zeugen dieser neuen Verbindung zu werden. Es war eine richtige schöne kleine Hochzeitsfeier die damit endete, dass ich meine liebe Dietlinde am Abend über die Schwelle getragen habe, wenn auch nur über die Haustürschwelle denn unsere Wohnung lag 57 Stufen hoch.

Nun begann der Ernst des Lebens, eine gute Ehe führen, für Familienzuwachs sorgen, fleißig arbeiten gehen, schon alleine deswegen um allen zu beweisen, dass ich doch eine Familie ernähren kann. Gemeinsam haben wir beschlossen, dass meine Frau nicht mehr in der Reinigung arbeiten sollte, da die schlechte Luft dort nicht gut für Ihre Gesundheit war. Da sie kaufmännische Angestellte war konnte Sie dann eine Bürotätigkeit übernehmen während Ich weiter auf der Zeche Friedrich-Heinrich geblieben bin. Da ich ja kein Kapital mit in unsere Ehe brachte, mein Vater war ja weit entfernt, war es sehr gut, dass die Großmutter meiner Frau alle Kinder bei deren Heirat mit jeweils fünftausend Mark ausgestattet hat. Die einzigen Güter, die ich mitbrachte waren ein alter Küchenschrank, ein ebenso alter Elektroherd sowie ein paar Küchenstühle: Ein toller Start in die Ehe. Für das Geld, das damit auch schnell aufgebraucht war, kauften wir die restliche Wohnungsausstattung, so dass wir von Flitterwochen nur träumen konnten. Das Jahr 1965 ging zu Ende.

Neues Jahr, neues Glück. Anfang 1966 wurde Dietlinde schwanger doch zu Anfang hielten wir die ersten Schwangerschaftssymptome für einfache Magenbeschwerden und der Hausarzt verschrieb ihr Rollkuren. Erst als die nichts halfen suchte meine Frau einen Frauenarzt auf, während ich damit beschäftigt war unseren Küchenschrank neu zu Lackieren. Während der Arbeit dachte ich an meine Frau, was wohl sein könnte und so kam mir der Gedanke, sie bekommt bestimmt ein Kind und so war es dann auch. Als Sie wieder kam und mich anstrahlte wusste ich Bescheid und freute mich darüber mit einundzwanzig Jahren Vater zu werden. Ich kam mir direkt älter vor und die Großmutter meiner Frau hat strahlte als Sie es hörte nur meine Schwiegermutter reagierte, erwartungsgemäß bedeutend zurückhaltender und tat kund, dass man ja noch etwas hätte warten können. Die Schwangerschaftsmonate schritten voran. Da meine Frau immer bis etwa siebzehn Uhr arbeitete und ich Frühdienst hatte, bat sie mich etwas Schönes zu kochen zum Beispiel Hefeklöße mit Pflaumen. Ich tat Ihr den Gefallen und nachdem sie knapp einen Kloß geschafft hatte, aß ich den Rest, denn man konnte ja nicht alles wegwerfen, und so war auch ich kurzzeitig „schwanger".

In der Zwischenzeit, machte ich mir Gedanken über meinen Beruf als Schlosser, der nicht ganz das war, was ich mir vorgestellt hatte. Da ich den Führerschein Klasse drei schon hatte, kam mir der Gedanke noch den Führerschein Klasse zwei zu machen, denn ich wollte gerne mehr Geld verdienen. Die Firma Underberg machte Werbung, das Sie LKW-Fahrer suchte und der Verdienst war höher als in der Metallindustrie, wo noch für ein dreizehntes Monatsgehalt gekämpft wurde, während Underberg schon das vierzehnte zahlte. Man durfte nur nicht in der Gewerkschaft sein.

Weil der Führerschein ja auch viel Geld kostet, wendeten wir uns wieder an die Großmutter meiner Frau, die Verständnis hatte und uns das Geld gab. Noch besser als beim Führerschein drei, war ich mit fünf Fahrstunden durch. Am Tag der Prüfung gab es ein kleines Desaster in der theoretischen Prüfung mit dem Prüfer. Er hatte eine falsch gehende Uhr und wollte unsere Fragebögen nach der Hälfte der erlaubten Zeit zurück wodurch ich und vier weitere Kollegen nicht fertig wurden. Auf seinen Fehler aufmerksam gemacht, hat er sich nicht überzeugen lassen und so fiel ich in der Theorie durch. Stinksauer darüber sind wir fünf nach Duisburg gefahren und haben uns beim Kraftverkehrsamt beschwertes aber es half nichts, lediglich die Prüfungsgebühr hatte man uns für die nächste Prüfung ange-rechnet. Vier Wochen später hat es dann mit der Prüfung in Theo-rie und Praxis geklappt und ich bewarb mich gleich bei der Firma Underberg. Ein Bewerbungsgespräch zu dem ich eingeladen wurde lief sehr gut und aus der Gewerkschaft auszutreten war auch kein Problem. Erst die Frage nach der Fahrpraxis beendete das Gespräch, man suche schließlich erfahrene LKW Fahrer. Die Frage ob ich mir einen LKW anschaffen solle, beantwortete der nette Herr mit einem Lächeln und Schulterzucken und das war es dann erst einmal mit LKW fahren. Meine Frau und die ganze Familie waren sehr traurig, dass es nicht geklappt hat aber, wie sich in späteren Jahren herausstellen sollte war doch nicht alles umsonst.

Trotzdem musste ich meinen Frust loswerden und schrieb meinem Vater einen Brief, in dem ich Ihm geschildert habe, wie alles abgelaufen ist. Besser wurde meine Laune als er mir antwortete, dass er beabsichtigte im nächsten Jahr mit seiner Frau Ruth Deutschland zu besuchen und für ein paar Tage zu uns zu kommen. Im Oktober 1966 wurde dann unsere kleine Tochter geboren, wie schon damals ich etwas zu früh, aber gesund und munter. Die Hebamme im Krankenhaus sagte, als Sie mir unsere Tochter hinter einer Glaswand zeigte und mich sah, dass könne ich nie abstreiten. Sie hatte eine dunklere Gesichtsfarbe, schwarze Haare mit den Geheimratsecken, die ich auch hatte und alle waren begeistert. Selbst meine Schwiegermutter erwies sich mir gegenüber versöhnlich. Der Gedanke Weihnachten 1966 mit unserer Tochter feiern zu können war wunderbar.

Das Jahr 1967 begann damit, dass es ich mich auf der Arbeit nicht mehr so wohl fühlte, mir wie aus heiterem Himmel plötzlich die Tränen aus den Augen liefen und ich machte mir Gedanken über unsere Zukunft. Ein um mehrere Ecken mit der Familie meiner Mutter verwandter Nervenarzt, sagte mir, dass ich wohl die Erlebnisse der letzten Jahre, den Tod meiner Mutter und den darauf folgenden Ärger nie richtig verarbeitet hatte und dass sich das nun bahnbrechen würde. In der Tat hatte ich den Tod und die Trauer über den frühen Tod meiner Mutter nie wirklich verarbeitet. Er verschrieb mir ein paar Beruhigungspillen und sagte, dass die nur vorübergehend helfen würden aber das Problem nicht beseitigen würden. Das Einzige was mir half war es mich in den alten VW, den ich von meiner Mutter übernommen hatte zu setzten und etwas durch die Gegend zu fahren. Für meine Frau war das alles schwer verständlich, auch weil ich mich öfter krankschreiben ließ. Bei meiner Schwiegermutter wurde ich dann sehr schnell zum Simulanten gestempelt, was es meiner Frau noch schwerer machte. Kurzum, ich war eben zu viel mit mir selbst beschäftigt also musste ich meine Probleme der letzten Jahre verarbeiten, was auch mehr und mehr gelang. Als ob das noch nicht genug wäre bekam ich einen Brief vom Verteidigungsministerium, wo man der Meinung war, dass ich nach der beendeten Pflege für meinen Opa nun den Wehrdienst antreten könne, wenn man mich bei der Musterung für tauglich erklären würde. Lediglich einige Krankheiten könnten das verhindern unter anderem Nervenkrankheiten. Da schöpfte ich wieder neue Hoffnung. Ich musste noch zu einem Arzt nach Moers, ein Internist und Homöopath, um für meine Frau ein Rezept zu holen und wie es der Zufall wollte, rief der Arzt mich in sein Sprechzimmer und bat mich Platz zu nehmen. Er blieb neben mir stehen und schaute mich von der Seite an. Seine Frage ob ich nervös sei, beantwortete ich mit nein und er bat mich Ihm doch mal meine Handflächen zu zeigen, was ich dann auch tat. Meine Handflächen waren ganz feucht und er konstatierte, dass ich wohl doch nervös sei. Nachdem er das Rezept für meine Frau geschrieben hatte, bat ich ihn nun auch mir einen Termin zu geben.

Weil ich wusste, dass er meine Krankenkasse nicht hatte, das Versicherungssystem in Deutschland hat sich seitdem etwas verändert, sagte ich, dass ich das selber zahlen würde. Ich hatte Ihm kurz von meinem Problem berichtet und bei der Untersuchung hat er mich regelrecht auf den Kopf gestellt. Heraus kam zumindest ein deutlich erhöhter Blutdruck. Er schrieb mir gleich ein Attest, das ich dann ans Kreiswehrersatzamt geschickt habe und nach einiger Zeit bekam ich dann die Aufforderung zur Musterung. Es ging alles ruck zuck, ganz ausziehen, zwanzig Kniebeugen, Blutdruck messen, anziehen und warten. Nach knapp einer Stunde wurde ich dann hereingerufen und man gab mir den Bescheid der vorübergehenden Untauglichkeit für ein Jahr. Das war geschafft und meine Frau, war überglücklich, als Sie die Nachricht hörte.

Im Sommer 1967 kam dann mein Vater mit seiner Frau Ruth aus den USA zu Besuch. In Moers am Bahnhof holte ich die Beiden mit meinem Wagen ab und durch die vielen Fotos erkannten wir uns auf Anhieb, doch Ruth war dennoch sehr erstaunt über die Ähnlichkeit zwischen meinem Vater und mir. Nicht ganz begeistert waren die beiden, dass Sie bei uns erst siebenundfünfzig Stufen erklimmen mussten um in unsere Wohnung zu kommen. Nachdem Sie zwei Tassen guten deutschen Kaffee getrunken hatten, der amerikanische Kaffee hat seinen schlechten Ruf bis heute, waren Sie wieder frisch und die Erzählerei nahm ihren Anfang. Die Begeisterung über unsere Tochter Petra war groß und jeder wollte sie einmal in den Armen halten und etwas knuddeln. Die fand das natürlich Super und war dabei sehr vergnügt bis mein Vater begann etwas stärker mit Ihr herumzutollen. Als er sich auf dem Stuhl etwas zu stark nach hinten lehnte, bewegte sich die Rückenlehne und er konnte sich gerade noch rechtzeitig festhalten.

Wir hatten uns ja 23 Jahre nicht gesehen also es entsprechend viel zu erzählen. Bei all den Geschichten aus seinem Leben, kam er natürlich auch auf meine Mutter zu sprechen und bestätigte, dass ich sicherlich kein Wunschkind war zumal sich die beiden ja nur eine sehr kurze Zeit kannten. Mittlerweile war ich doch alt genug um dadurch nicht mehr geschockt zu sein.

In der einen Woche, die Sie bei uns verbracht haben beobachtete ich Ruth und meinen Vater sehr genau und abgesehen vom Altersunterschied glichen sich Vater und ich wie ein Ei dem anderen. Äußerlich natürlich, aber auch in der Gestik und Mimik und wir hatten das gleiche Lachen. Dass mein Vater und ich uns in der einen Woche immer besser verstanden, hatte Ruth etwas beunruhigt und Sie fühlte sich zunehmend wie das dritte Rad am Wagen.

Mein Großvater väterlicherseits hatte einmal gesagt, sie sei ein heißer Feger, der Vater um den Finger wickelte und über ihn bestimmte. Sicher deshalb weil Sie merkte, dass die Zuneigung zwischen meinem Vater und mir immer stärker wurde erzählte sie, dass Sie nach der Scheidung meiner Eltern den Vorschlag gemacht hatte mich mit nach USA zu nehmen. Ob sie mich damit beeindrucken wollte weiß ich nicht aber gegen mein Argument, dass eine Mutter wohl kaum so einfach ihr Kind hergeben würde, wenn der Mann Sie sitzen lässt und mit Ihrer angeblich besten Freundin das Land verlässt, konnte sie nicht ankommen.

Neben dem Haus in dem wir wohnten gab es ein Möbelgeschäft und weil wir weder einen richtigen Küchentisch noch Stühle hatten, gingen Ruth und Vater hinein und haben uns beides bestellt. Mein Vater erzählte uns davon aber im gleichen Atemzug und mit einem Blick zu Ruth beschrieb er wie seine Frau bei dem Verkäufer Druck gemacht hat und etwas ausfallend wurde, weil der nicht so reagierte wie Sie wollte.

Die Woche neigte sich dem Ende zu und ich war um einige Erfahrung reicher. So hatte ich meinen Vater als einen Menschen kennengelernt, der zum einen nicht so schlecht war wie er immer geschildert wurde und der zum anderen genauso wenig zu meiner Mutter passte wie zu seiner Frau, die Ihn völlig in der Hand hatte. Auch der Weggang aus Deutschland war nicht das Gelbe vom Ei wie sich allerdings erst in späteren Jahren herauskristallisieren sollte.

Nachdem die Beiden wieder abgereist waren, fragte mich meine Schwiegermutter, ob wir jetzt auch in die vereinigten Staaten auswandern würden aber da konnte ich Sie beruhigen; vielleicht würden wir dieses Land einmal besuchen wenn wir das Geld dazu hätten aber nicht mehr. So ging das Leben seinen Gang und doch hatte hat der Besuch meines Vaters meinen Blickwinkel verändert und ich dachte darüber nach, ob ich nicht doch noch etwas anderes machen sollte, als in dem kleinen Kamp-Lintfort zu versauern. Nun kamen die neuen Küchenstühle und der Tisch und ich bedankte mich nochmal ganz herzlich bei meinem Vater und Ruth denn so viel Geld hatten wir nicht, dass wir einfach in den nächsten Laden gehen und mal eben schnell neue Möbel kaufen. Das Geld auf der Zeche wurde immer noch bar ausgezahlt und einen Dispokredit gab es damals auch noch nicht.

Teil IV

BERLIN

Dass das Jahr 1968 große Veränderungen mitbringen würde, ahnte ich zu Anfang noch nicht. Es begann mit einer erneuten Einladung zur Musterung und einem erneuten Termin bei dem gleichen Arzt wie ein Jahr zuvor. Er untersuchte mich und schrieb ein neues Attest mit der Einschätzung, dass ich völlig untauglich für den Wehrdienst war. Bei der Musterung selbst war es das gleiche Spiel wie vor einem Jahr. Ausziehen, zwanzig Kniebeugen, anziehen und warten. Zwei Stunden musste ich warten bis ich hereingerufen wurde und der Herr mir sagte, dass ich jetzt das Klassenziel erreicht hätte. Auf meine Frage, wie ich das verstehen darf bescheinigte er mir die endgültige Untauglichkeit für den Dienst in der Bundeswehr. Obgleich ich überglücklich war konnte ich mir die Frage nicht verkneifen ob man dafür tatsächlich zwei Stunden gebraucht hatte. Mit einem Grinsen wurde ich hinauskomplimentiert!

Völlig gelöst schwang ich mich in meinen VW Käfer und fuhr so schnell wie möglich zu meiner Familie. Meine Frau war ebenso überglücklich und ich fühlte mich als ob eine große Last von mir gefallen ist. Mein Kopf sprühte jetzt vor Gedanken und ich wollte einfach nicht auf der Zeche bleiben. Der Verdienst war zu gering und eine große Zukunft für die Zeche gab es auch nicht. Ich hatte mich mit meiner Frau unterhalten, ob wir nicht nach Süddeutschland ziehen sollten, denn dort werden Arbeitskräfte gesucht und so ging Ich dann zum Arbeitsamt und sagte, dass ich gerne nach Süddeutschland möchte. Man drückte mir viele Prospekte in die Hand, die aber alle für Berlin warben und auf meine Frage seit wann Berlin in Süddeutschland liegt, sagte man mir mit einem Lächeln ich solle mir das erstmal durchlesen.

Das Angebot war tatsächlich verlockend. Volle Bezahlung für den Umzug, monatlich acht Prozent des Bruttolohns als Berlinhilfe, wenn man noch keine Wohnung hat, 1-mal pro Monat Ermäßigung für den Flug mit Pan-Am nach Düsseldorf um die Familie zu besuchen und so weiter. Ich war sprachlos und meine Frau sagte wenn das alles wahr wäre, wäre das super. Zurück beim Arbeitsamt bestätige man mir alles und auch ein Angebot von der Firma Borsig bekam ich mit. Da ich in der Zwischenzeit meinen alten VW verkauft hatte um etwas mehr Geld zu haben, aber es mit einem Kind ohne Auto nicht recht funktionierte, hatte ich mir einen Citroen

2CV mit zwölf Pferdestärken angeschafft. Damit bin ich dann erst

einmal nach Berlin gefahren um mich bei der Firma Borsig vorzustellen.

Zwölf PS und neunzig Stundenkilometer, hundert mit Rückenwind. Ich fuhr nachts los und erreichte Berlin am Morgen gegen sieben Uhr. Im Hotel Frühling am Zoo nahm ich mir ein Tageszimmer und um zehn Uhr hatte ich das Gespräch mit dem Personalchef, der nicht abgeneigt war. Nachdem ich dann den restlichen Tag in meinem Tageszimmer geschlafen habe, bin ich in der folgenden Nacht wieder nach Hause gefahren und Dietlinde war froh, dass ich wieder in Kamp-Lintfort war. Ich erzählte Ihr, wie alles abgelaufen ist und Sie merkte, dass ich sehr zuversichtlich war und dann begann die Familie mal wieder zu diskutieren. Muss das unbedingt so weit weg sein? Kann das nicht mehr in der Nähe sein? Da ist ja noch immer die DDR. Es war verständlich, das die Familie meiner Frau traurig war, das Ihre älteste

Tochter so weit weg zieht aber als ich Ihnen von den Vorteilen berichtete konnten Sie mich aber auch verstehen. Es dauerte nicht lange und ich bekam eine positive Nachricht aus Berlin von der Firma Borsig. Ich könnte am 1 Juni 1968 bei der Firma Borsig anfangen. Ich war glücklich. Ich musste dann sofort auf der Zeche kündigen, weil die Zeit drängte aber die Betriebswohnung konnten wir noch drei Monate lang nach meinem letzten Arbeitstag nutzen. Also musste ich bis dahin eine Wohnung für meine Familie finden.

Mein Arzt sagte einmal zu mir während meiner depressiven Phasen wäre es für mich am besten weit weg zu gehen und nichts zu sehen und zu hören. Genau das Gegenteil habe ich gemacht. Ich stürzte mich voll ins Leben, auch um allen zu beweisen, dass ich weder Simulant noch blöd bin.

Dann brauchten wir noch ein schnelleres Auto, denn die Fahrten von und nach Berlin mit neunzig würden zu lange dauern. Also nahmen wir auf der Sparkasse einen kleinen Kredit auf und ich kaufte uns einen Citroen Diane. Mit vierundzwanzig PS, doppelt so viel wie der 2CV war ich wesentlich schneller an der Spree. Nachdem ich bei Borsig erst mal alle Formalitäten erledigt hatte musste ich mich um eine Unterkunft kümmern. Borsig hatte ein Wohnheim für Fremdarbeiter, wo ich erst mal übernachten konnte und wo ich einen Kollegen aus Süddeutschland kennen lernte, der auch gerade bei Borsig angefangen hatte. Wir mussten uns noch auf dem Arbeitsamt melden. Dafür mussten wir mit Bus und U-Bahn durch die halbe Stadt fahren. War das alles aufregend. Die erste Nacht in dem Wohnheim gefiel mir gar nicht und so ging ich am nächsten Tag nochmal ins Personalbüro. Ich fragte nach Zimmern zur Untermiete und bekam einige Adressen. Ich suchte mir für hundertfünfzig Mark im Monat eine Unterkunft nur fünf Minuten von der Arbeit entfernt in einem sogenannten drei-Mädel-Haus, Mutter und drei Töchter, alle mit richtiger Berliner Schnauze. Herrlich war das. Da wir in Kamp-Lintfort kein Telefon hatten, klappte die telefonische Verbindung zu meiner Frau nur über unsere Nachbarin, die unter uns wohnte und als ich meiner Frau von meiner Unterkunft erzählte, fragte Sie nach den Töchtern. Ich sagte Ihr, dass Sie sich keine Sorgen machen müsse, denn deren Mutter war sehr resolut. Ich lebte mich sehr schnell ein, denn Kamp-Lintfort und Berlin sind unterschiedlich wie Tag und Nacht. Hier ging alles viel lockerer und nicht so steif zu wie im kleinen Kamp-Lintfort damals mit seinen sechzigtausend Einwohnern. Das kam mir sehr entgegen, denn ich konnte mich völlig neu aufbauen. Meine Energie wuchs von Tag zu Tag immer mehr und es gab nur eine Blickrichtung für mich: Vorwärts und niemals Rückwärts.

Auf der Arbeit verstand ich mich mit den Kollegen sehr gut und alles ging seinen Lauf. Dann musste ich mich schnell um eine Wohnung für meine Familie kümmern denn meine Frau bekam von der Zeche eine Räumungsaufforderung zum Ende des Septembers. Mit dieser Aufforderung ging ich dann zum Betriebsrat, der diese als Druckmittel nutzte um einen ehemaligen Mitarbeiter aus seiner Betriebswohnung zu kündigen. Bis das allerdings geschehen sollte bekam ich eine Wohnung im Märkischen Viertel für die ich allerdings 6050 DM Baukostenzuschuss hätte zahlen müssen, was ich ja nicht konnte. Borsig hätte die Kosten bezahlt auf 20 Jahre abwohnbar doch mit der Teilung von Thyssen und Borsig war auch dieser Plan hinfällig.

Nicht zuletzt aufgrund der Betriebswohnung wollte ich nicht zu Thyssen sondern bei Borsig bleiben und wenn auch eine Zahlung des Baukostenzuschusses nicht möglich war konnte ich nun die Betriebswohnung in Tegel haben aus der der ehemalige Mitarbeiter endlich ausgezogen war. Das hat man mir dann gleich mit sechs

Unterschriften bestätigt und ich war so überglücklich, das ich die Wohnung unbedingt sehen wollte. Der Betriebsrat fuhr mit mir dorthin. Ein Traum aus siebenundsiebzig Quadratmetern in der ersten Etage mit viel Licht und nahe am Waldrand für gerade einmal zweihunderteinundzwanzig Mark und achtzig. Was wollte ich mehr? Ich habe dann sofort meine Frau angerufen und auch sie war hocherfreut, dass es geklappt hatte.

Aber es gab natürlich auch einen Wermutstropfen. Unsere Finanzen wurden immer weniger und ich wusste nicht, wo ich das Geld hernehmen sollte. Ich hatte meinem Chef von meinen Sorgen erzählt und er wusste, dass Arbeiter, die nach Berlin kommen ein Gründungsdarlehen von zehntausend Mark für ein Prozent Zinsen bekommen konnte. Natürlich bedurfte es keiner langen Bedenkzeit und ich bin mit den nötigen Formularen, die mein Chef mit mir ausgefüllt hatte zur Bank gegangen. Als alles bewilligt war, habe ich das Darlehen was ich in Kamp-Lintfort auf der Sparkasse für acht Prozent Zinsen hatte abgelöst und ich war so glücklich, dass ich Ende Juli mit PanAm nach Düsseldorf geflogen bin um schneller zu Hause zu sein. Das Geld für Flug und Taxi wurde ja zur Hälfte vom Arbeitsamt bezahlt. Meine Frau musste noch bis zum fünften September warten, bis Sie die Wohnung sehen konnte aber zu meiner großen Freude hatte ich etwas erreicht und damit die negativ eingestellten Skeptiker in Ihrer Familie und meiner eigenen Verwandtschaft verstummen lassen. Bei einem kleinen Besuch auf meiner alten Arbeitsstelle freuten sich ein paar ehemalige Kollegen mit mir aber andere reagierten neidisch und sagten, dass eben die dümmsten Bauern die dicksten Kartoffeln ernten würden. Aber so ist es eben, wenn man unbeirrt an sich glaubt erreicht man seine Ziele aber erntet auch Missgunst.

Zurück in Berlin galt es sich um praktische Dinge zu kümmern. Der Umzug musste organisiert werden ein Transportunternehmen gefunden werden, dass unsere Habseligkeiten vom Niederrhein an die Spree bringen sollte. Am fünften September, genau am Geburtstag meiner Frau, war es dann soweit. Die Familie meiner Frau war sehr traurig und es flossen dicke Tränen. Unsere Tochter Petra, konnte Ihren zweiten Geburtstag schon in Berlin feiern. Da wir die Wohnung unrenoviert übernommen hatten, bedurfte es noch einiger Arbeit um unser neues Zuhause herzurichten wobei uns teilweise ein Nachbar geholfen hatte, der ebenfalls bei Borsig beschäftigt war und es dauerte nicht lange, bis wir uns eingelebt hatten. Nur mit den lieben Nachbarn ein warm zu werden war nicht ganz so einfach denn auch hier gab es Neider die gar nicht verstehen konnten und wollten, wie ein Wessi aus dem Rheinland nach Berlin kommt und gleich so eine schicke Wohnung bekommt, auf die Andere schon lange gewartet haben. Auch einige Kollegen begannen mich zu ignorieren bis es mir zu bunt wurde und ich diese in einer Pause zur Rede gestellt und habe Sie gefragt, ob ich etwas verbrochen hätte. Die Wohnung war der Knackpunkt. Ich nutzte die Zeit und erklärte meine Situation und auch den Vorgang mit der Räumungsklage und dem ehemaligen Mitarbeiter, der eine Betriebswohnung besetzt hielt. Dies und die Tatsache, dass ich zwei Haushalte bezahlen musste, stimmte die Kollegen versöhnlich und die Wogen glätteten sich.

Den Tisch und die Stühle, die wir von meinem Vater bekommen haben, hatten wir natürlich behalten aber Wohnzimmer, Kinderzimmer, Küche und Bad mussten neu eingerichtet werden und wir mussten den einen oder anderen Kompromiss eingehen, da ja nicht genug Geld da war um alles gleichzeitig neu anzuschaffen.

Meine Frau konnte noch nicht arbeiten weil unsere Tochter noch zu klein war und Kindergartenplätze gab es nicht genügend oder sie waren schlichtweg zu teuer. Und schlussendlich wollten wir unsere Tochter lieber selbst erziehen. Nach und nach lernten wir auch unsere Nachbarn kennen, mussten aber auch feststellen, dass es in Berlin damals nicht einfach war eine nachbarschaftliche Beziehung aufzubauen, Für meine Frau war das schwerer als für mich, denn ich hatte ja meine Arbeit.

Das Jahr 1968 ging dem Ende entgegen und wir feierten das erste Weihnachtsfest ohne die Familie meiner Frau, ein bisschen seltsam aber der Mensch gewöhnt sich ja an alles. Das Jahr 1969 begann mit den Gerüchten, dass die Firma Borsig in Thyssen und Borsig aufgeteilt werden sollte, was bedeutet hätte, dass ich von der Firma Thyssen übernommen werden würde und ich dann wegen meiner Wohnung Schwierigkeiten bekommen hätte, weil die Wohnung ja zu Borsig gehört. Als die Spaltung des Unternehmens immer klarer wurde ging ich sofort zum Personalrat um mitzuteilen, dass ich auf jeden Fall bei Borsig bleiben wollte. Meinem Wunsch wurde dann auch entsprochen und ich wurde in die Abteilung Dieselbau versetzt. Die Tatsache, dass ich die Feinarbeiten die dort gemacht wurden zuletzt in meiner Lehre gemacht hatte machte sich bemerkbar und ich kam mit dem Arbeitstempo nicht hinterher und fühlte mich entsprechend unwohl. Das merkte auch der Betriebsmeister und holte mich in sein Büro wo er mir dann sehr freundlich erklärte, dass das ganze so keinen Zweck habe obwohl er sah, dass ich mir Mühe gab. Er schlug mir vor mich wieder ins Walzwerk versetzen zu lassen, allerdings bei Thyssen. Ich wollte natürlich nicht aber nachdem ich ihm die Situation mit der Wohnung erklärt hatte sprach er selbst mit dem Personalchef und sie einigten sich und bestätigten, dass ich die Wohnung behalten sollte. Am Anfang der folgenden Woche stand ich also wieder an der Walzenschleifmaschine und es kehrte wieder Ruhe ein. Etwa Mitte des Jahres wurde bekannt, das die Firma Thyssen sich für die ehemaligen Borsigmitarbeiter, die jetzt bei Thyssen arbeiten für Ihre Borsigwohnungen, das Vermieterrecht erkauft hatten aber es wurde immer deutlicher, dass sich der Arbeitsmarkt veränderte und unruhiger wurde. Das Gefühl der Sicherheit, welches man damals noch hatte als ich meine Lehre machte gab es so nicht mehr aber für uns verlief das Jahr ruhig und wir konnten uns den ersten Urlaub leisten.

Von einem Kollegen hatte ich die Adresse einer kleinen Familienpension in Tirol nahe dem Ötztal bekommen und so buchten wir für 14 Tage Urlaub bei Gerti und Josef in Tarrenz. Es war wunderbar denn Sie hatten selbst 3 Kinder mit denen sich unsere Petra sehr schnell anfreundete. Unsere Tochter erwies sich übrigens als tüchtige Bergwandererin. Da wir aber nicht so viel Geld hatten, konnten wir auch mal für kleines Geld in der Pension mitessen was den ganzen Urlaub noch viel gemütlicher machte. Wie immer gingen auch diese zwei Wochen viel zu schnell vorbei.

Zurück in Berlin erwartete mich Post von meinem Vater, der sein Haus in San Bruno, einem Vorort von San Francisco verkauft hatte und sich von dem Geld, mit viel Eigenleistung, ein neues Haus in Pearl-River, Louisiana bauen ließ. Er schrieb, dass er mich gut brauchen könnte, und es sehr schade ist, dass wir so weit weg sind. Ich habe Ihm geantwortet, dass wir gerade vom Urlaub aus Tirol zurückgekehrt waren und mein Urlaub zu Ende war. Und so ging ich wie immer schön zur Arbeit um die Brötchen zu verdienen da ich ja meine Familie ernähren musste. Bis zum Frühjahr 1971 lief alles in ruhigen Bahnen doch die Arbeit machte mir immer weniger Spaß und es wurde immer langweiliger. Da kam mir der Umstand zur Hilfe, dass man im Walzwerk das Personal reduzieren wollte und natürlich begann die beim schwächsten Glied der Kette. An einem Montag erklärte mir mein Chef mit salbenden Worten dass diese

Maßnahme aufgrund einer weiteren Firmenteilung notwendig wäre und so machte ich mich sofort auf die Suche nach einer neuen Arbeitsstelle. Zu meinem Glück suchte eine kleine Firma für Motorenwicklungen ganz in der Nähe unserer Wohnung einen neuen Mitarbeiter. Nach einem erfolgreichen Gespräch mit dem Betriebsleiter und eine Woche später konnte ich meine neue Arbeit antreten. Meine Frau war Überglücklich, dass es so schnell funktioniert hatte und hatte sofort mit Ihrer Mutter telefoniert. Ich war in der Gunst meiner Schwiegermutter wieder sehr gestiegen und sie gestand ein, dass die vorgefasten Meinungen nicht immer richtig sind. Aber wenn Sie jetzt denken, dass Ruhe einkehren würde, dann lesen Sie nur weiter.

Anfang 1972 wurde auch an meinem neuen Arbeitsplatz rationalisiert und wen sollte es auch treffen als mich. Wer zuletzt kommt geht eben zuerst. Meine Frau, die ja ein sehr sensibler Mensch ist, hat das alles sehr aufgeregt.

Es ist nun an der Zeit an den Anfang dieser Geschichte zurückzukehren, zu dem Wunsch Busfahrer zu werden. Sie erinnern sich? Dieser Wunsch regte sich in mir und ich beschloss mich bei den Berliner Verkehrsbetrieben als Busfahrer zu bewerben und so fing ich Im März 1972, kurz vor meinem achtundzwanzigsten Geburtstag, bei der BVG an die mir den Personenbeförderungsschein bezahlte, den ich machen musste. Die erste Zeit musste ich als Schaffner arbeiten, was gar nicht so einfach war wie es aussieht. Ich musste mich mit den verschiedenen Fahrscheinen auseinandersetzen und dann ging es mit dem Lehrschaffner auf den Bus wo ich mir schnell die ersten blauen Flecken an den Beinen zuzog, wenn ich in den Kurven von der einen Seite auf die andere geworfen wurde da ich ja auch Fahrscheine verkaufen musste wenn der Bus fuhr. Nach dem ersten Tag, der sehr anstrengend war, habe ich nachts geträumt und gerufen ob noch jemand ohne Fahrschein sei und meine Frau musste laut lachen. Es hat eine Weile gedauert, bis ich mich daran gewöhnt hatte aber durch das ständige Treppenlaufen vom Unterdeck in das Oberdeck und wieder zurück habe ich viel abgenommen, was mir gut tat. Nach vier Wochen fing dann endlich die Fahrschule an. Die Ausbildung war genau die gleiche wie bei dem Führerschein Klasse zwei, den ich ja bereits hatte und so fiel mir das Fahren leicht und ich konnte mich voll auf die Vorschriften eines Busfahrers konzentrieren, die ja um ein vielfaches mehr waren und sind als die eines Lkw Fahrers.

Zur Prüfung war ich ganz gelassen und die Theorie klappte wunderbar aber in der praktischen Prüfung machte ich einen Fehler, der einem Busfahrer nicht passieren darf. An einer Kreuzung war ich zu früh nach links abgebogen, obwohl der Gegenverkehr noch nicht stand und so musste ich vier weitere Wochen schaffnern, bis ich die Prüfung wiederholen durfte. Vor Wut über meine eigene Blödheit habe ich geheult. Bei der zweiten Prüfung war ich bis in die Haarspitzen konzentriert und als der Prüfer mich fragte, was ich in der ersten Prüfung verkehrt gemacht habe, sagte ich nur „Vergessen Sie es." Er lächelte, und gab mir den heiß ersehnten gelben Schein. Meine ganze Familie war überglücklich, dass die Sorgen überstanden waren und ich hatte mir einen Kindheitstraum erfüllt.

Kurze Zeit später gab es eine kleine Feier da unsere Tochter eingeschult wurde. Die wechselnden Arbeitszeiten störten mich nicht und drei Schichten zu arbeiten war ich ja aus meiner Lehrzeit gewöhnt. Ein sicherer Arbeitsplatz war das und wenn man keine krummen Sachen macht, eine Sitzplatz in der ersten Reihe bis zur Rente.

Da ich jetzt ein festes Einkommen hatte, wurden mir von meiner Bank alle möglichen Angebote zugeschickt, vom Dispokredit über

Ratensparverträge und Riesterrente und so weiter. Auch von Versicherungen kamen Angebote bei denen ich vermutlich das Dreifache meines Gehaltes gebraucht hätte.

Nur den Ratensparvertrag habe ich mit meiner Bank abgeschlossen. Dann kommt aber noch immer dies und das was man gerne haben möchte, wie zum Beispiel ein neues Auto? „Kein Problem. Kaufen Sie jetzt denn die Raten sind ja nicht so hoch." Wenn man nur immer wüsste, was so alles auf einen zukommt. Es ging dann soweit, dass die Bank schon immer auf mein dreizehntes Monatsgehalt gewartet hat und so musste ich auch an freien Tagen arbeiten um meine hohen Ansprüche zu finanzieren. Ich war nicht der einzige Busfahrer dem es so ging aber man hätte vielleicht nicht alles nachmachen müssen.

Im Herbst 1973 kam mein lieber Vater aus den USA zu Besuch und während seine Frau Ruth in Marburg an der Lahn blieb, wo eine Freundin von Ihr wohnte hatte er hier einige alte Bekannte besucht. Natürlich, hatte mein Vater auch ein paar Geschenke dabei, zum Beispiel für unsere Tochter einen schönen warmen Teddymantel für den Winter. Unsere Tochter war natürlich vollkommen aus dem Häuschen und der Mantel musste auch nachts neben ihrem Bett liegen. Mein Vater fühlte sich in Berlin sehr wohl und wir hatten sehr viel Spaß. Im KADEWE gingen Ihm die Augen über bei allem was es dort zu sehen gab. Die Woche war schnell vorbei und beim Abschied lud er uns mit Tränen in den Augen ein, ihn doch auch mal in Amerika zu besuchen. Wir waren uns wieder ein ganzes Stück näher gekommen und ohne Ruth war er viel entspannter.

Der Gedanke, mit meiner Familie nach USA zu fliegen, ließ mich nicht mehr los. Die Zeit verging und unsere Tochter war inzwischen auf dem Gymnasium und in Ihren Leistungen ganz gut. Bis zu dem Zeitpunkt an dem der erste richtige Freund kam. Da ließen Ihre Leistungen kontinuierlich nach und Ich habe mich oft sehr lange mit unserer Tochter unterhalten, denn meine Frau hatte nicht die Ausdauer für eine Diskussion, die schon mal bis zu zwei Stunden dauern konnten. Das hatte zur Folge, dass unsere Tochter mit jedem schulischen Problem zu mir kam und eines Tages erzählte sie mir, dass die Elternsprecherin dieses Amt nicht mehr übernehmen möchte, da sie selbst Lehrerin war und so wenig Zeit dafür hätte. Also baten die Lehrerin und die Schüler mich, Elternsprecher zu werden. Ich nahm an und wurde von der Lehrerin in vielen Fragen unterstützt. Ich habe mich immer sehr viel mit den Schülern und der Klassensprechern unterhalten was den Vorteil hatte, dass die Schüler mich kannten und mir vertrauten. So kam eines Tages eine Schülerin zu mir und sagte, dass sie es gut findet, das unsere Tochter sich mit mir so gut über alle Probleme unterhalten könnte, was bei ihren Eltern nicht möglich war, da diese zu sehr mit sich selbst beschäftigt waren. Ich habe Sie getröstet und Ihr versprochen, beim nächsten Elternabend, mit Ihren Eltern zu sprechen.

Den Elternabend habe ich dann nicht im Gymnasium abgehalten sondern in dem großen Saal eines historischen Restaurants den man uns kostenfrei zur Verfügung stellte solange kleine Speisen und Getränke bestellt wurden. Mein Konzept ging auf und nach dem ich die Eltern erst mal in Ruhe etwas essen und trinken ließ, sammelte ich Unterschriften um einen Mathematiklehrer loszuwerden, in dessen Unterricht die Leistungen der Schüler immer schlechter wurden. Durch die Sitzordnung an runden Tischen wirkte die Unterhaltung vertraulicher und war letztlich produktiver.

Mit den Eltern der besagten Schülerin sprach ich erst zum Schluss. Ich erklärte Ihnen, welche Probleme Ihre Tochter hat und während ihr Vater mir etwas erbost sagte, dass er davon noch nie etwas gehört hat hatte ihre Mutter hatte Tränen in den Augen. Als ich kurze

Zeit später noch einmal mit der Schülerin gesprochen hatte, strahlte sie und berichtete, dass nun alles in Ordnung war.

Die Zeit verging und die Aufgaben auf dem Gymnasium wurden immer schwerer, so dass auch unsere Tochter mit leichten Schwierigkeiten zu kämpfen hatte. Der Fachbereichsleiter für Mathematik empfahl mir eine ehemalige Schülerin die Mathematik studiert hatte. Sie hat unserer Tochter Nachhilfe gegeben und nach und nach, wurden die Leistungen wieder besser. Aber der Wille, immer die beste zu sein, war nicht mehr da und es brauchte sehr viel Zeit und Gespräche zwischen unserer Tochter und mir, um Sie bei Laune zu halten. So vergingen die Jahre und unsere Tochter machte in der Zwischenzeit mal eine Klassenfahrt nach London für eine Woche, in der meine Frau und ich etwas entspannen konnten. Es ist eben nicht immer einfach neben den eigenen Alltagssorgen immer ein offenes Ohr für die Probleme der eigenen Tochter zu haben. Doch auch wenn es viel Energie braucht macht es große Freude, wenn man die Erfolge sieht. Kurzum, es ist wichtig und gut wenn die Kinder wissen, dass Sie mit allen Problemen zu Ihren Eltern kommen können.

Zwischendurch machten wir mal wieder Urlaub in Tirol in unserer Stammpension. Da im März in den Bergen viel Schnee lag, sind wir öfter nach Küthei im Ötztal hochgefahren um Ski zu laufen, das heißt unsere Tochter und ich haben eine Abfahrt nach der anderen gemacht, bis uns die Beine weich wurden und meine liebe Frau beobachtete uns dabei aus einem Liegestuhl in der Sonne. Da ich ja nun einen sitzenden Beruf ausübte war das Skilaufen eine willkommene Abwechslung für mich und ein gutes Training für meine Beine. Die Abende in der Pension waren dann immer sehr zünftig und mit Jägertee und Obstler begossen wir manche Abfahrt. Nach dem Urlaub ging es auf die bekannte Art weiter. Busfahren für mich, Lernen für unsere Tochter. Mit regelmäßiger Nachhilfe wurde sie immer besser. Auch wenn ich schulisch nicht weiterhelfen konnte, meine eigenen ruhmlosen akademischen Versuche lagen ja nun auch schon etwas zurück, konnte ich Sie unterstützen, wenn es anderweitige Problem Schule gab.

Teil V

AMERIKA UND COTE D'AZUR

Immer wieder hatte ich den Gedanken mit meiner Familie nach Amerika zu fliegen und als mal wieder ein Brief von meinem Vater mit der Einladung ihn zu besuchen kam, unterhielt ich mich etwas intensiver mit meiner Frau darüber. Dann stellten wir fest dass ein Sparvertrag abgelaufen war und als mein dreizehntes Monatsgehalt kam, planten wir die Reise über den großen Teich. Ich hatte meinen ganzen Jahresurlaub genommen, und unsere Tochter durfte mit Genehmigung der Schule ihre Osterferien verlängern. Es war aufregend und spannend für uns alle, immerhin das erste Mal, dass wir so weit fliegen sollten. Am 9. März 1979 ging es dann von Berlin über London nach Chicago, wo meine Stiefschwester Ingrid wohnt. Die windige Stadt war nicht nur windig sondern auch sehr kalt und mit 31 Stundenkilometern trieb Schnee über den Michigansee. aber der Empfang war warm und herzlich. Wir lernten Ingrids Mann Sven und die Söhne Nils und Olaf auf der einstündigen Fahrt von Chicago kennen und verstanden uns auf Anhieb gut. Wir blieben bis zum dreizehnten März und feierten am zwölften meinen fünfunddreißigsten Geburtstag mit einer Sahnetorte von einem deutschen Bäcker mit 35 Kerzen.

Selbstverständlich haben wir viel über unsere Jugend gesprochen und was seit dem passiert ist. Über die Beziehung unserer Eltern haben wir allerdings nicht geredet. Ingried und Swen zeigten uns Chicago, eine beindruckende Stadt.

Die Lockerheit der Amerikaner die Tatsache dass fast alles XXXL-Größe hat war für uns doch ungewohnt. Als wir uns etwas an die Gepflogenheiten gewöhnt hatten, sind wir am vierzehnten März in den Süden geflogen und um 22:00 in New Orleans angekommen. Hier waren es angenehme fünfundzwanzig Grad also ein Temperaturunterschied von gut dreißig Grad. Wir wurden schon von meinem Vater und Ruth sehnsüchtig erwartet. Von New Orleans benötigten wir noch etwa eineinhalb Stunden bis nach Pearl River.

Da wir von dem Flug sehr müde und wegen des Temperaturunterschiedes erschöpft waren, fielen wir bald ins Bett. Am nächsten Tag sah alles schon viel besser aus. Vaters Haus maß etwa dreihundertzehn Quadratmeter und stand auf einem etwa viermal so großen Grundstück. Hinter dem Haus gab es einen Swimmingpool, Azaleensträucher und Magnolien. Es war einfach toll. Toll war auch, dass es eine Klimaanlage im Haus gab, denn bei zweiunddreißig Grad und etwa neunzig Prozent Luftfeuchtigkeit kann man schnell ins schwitzen kommen, wenn man zu stark nachdenkt oder sich bewegt. Nach einer Woche wurde es etwas kühler und erträglicher. Da mein Vater noch arbeiten musste waren wir vormittags mit Ruth alleine und am Nachmittag unternahmen wir etwas gemeinsam. Vater hatte zwei Autos, einen grünen Volkswagen Käfer und einen Buick. Um den Vormittag nicht immer im Haus zu verbringen, ist Ruth mit uns in die nähere Umgebung gefahren wo es, ganz amerikanisch, riesige Einkaufsmeilen gab. Also nichts wofür man unbedingt nach USA fliegen muss. Wir hatten drei Wochen bei meinem Vater geplant woraus Letzen Endes zwei wurden und das kam so:

Mein Vater ist ein lockerer Typ und hat auch mal ein bisschen mit meiner Frau herumgeschäkert, was seine Frau Ruth ihm ganz schön krumm genommen hat. Wenn mein Vater nicht da war, hat Sie ihn schlecht gemacht und auf meine Frau war Sie eifersüchtig. Wenn sie sich schick angezogen hatte sagte Ruth, sie könne ja anziehen was sie wolle und würde immer gut aussehen. Ruth war, als Sie meinen Vater geheiratet hat ein bildhübsche Frau mit roten Haaren und einer super Figur aber das Alter hatte seine Spuren hinterlassen und aufgrund einer Krebserkrankung hatte man ihr beide Brüste abgenommen, was Sie nicht verkraftet hat. Dann versuchte Sie einen Keil zwischen uns und unsere Tochter zu treiben. Sie war zu ihr sehr freundlich und hat Petra richtiggehend hofiert, so dass diese es nicht verstehen konnte, wenn wir mal gegen Ruth gesprochen haben. Als wir einmal in einem Shoppingcenter alleine mit unserer Tochter im Kaffee waren, Ruth war beim Friseur, haben wir in Ruhe mit Ihr gesprochen. Darauf habe ich mit meinem Vater ausgemacht, dass wir früher zurückfliegen würden und da er seine Frau gut genug kannte, zeigte er Verständnis und buchte unsere Reise entsprechend um. Ruth war viel freundlicher, als sie von unserem Entschluss erfuhr und so genossen wir den Rest der Zeit mit den Beiden in New Orleans und in Bellingrath Garden in Alabama, einem Traum von einem Botanischen Garten, der von Mrs und Mr Coca Cola angepflanzt worden war. Dort gab es Azaleen-Büsche und Bäume in vielen Größen und Variationen.

Mein Vater hatte mit Ingrid in Chicago gesprochen und Ihr alles erklärt. Die erzählte uns, dass sie das kommen sehen konnte, da sie ihre Mutter genauso kannte wie mein Vater. Wir verbrachten noch eine schöne letzte Woche in Chicago und dann ging es voller Erinnerungen aber auch leicht enttäuscht nach Berlin. Hätten wir uns diese Reise sparen können?

1979 ging weiter, ich steuerte meinen Bus durch Berlins Straßen, unsere Tochter paukte weiter auf dem Gymnasium und meine Frau erholte sich von dem Stress. Da wir sehr viel Geld für die USA-Reise ausgegeben hatten, war für 1979 kein weiterer Urlaub geplant.

Die nächsten Jahre in gewohnter Weise, Petra lernte sehr gut, meine Frau hatte nebenbei eine Putzstelle in einer Apotheke angenommen und ich fuhr weiter Bus. Und wie die Zeit vergangen war; das Abitur unserer Tochter rückte näher und unsere Nerven lagen blank. Wir zauderten wie sie wohl abschneiden würde, denn immerhin war ihre Schulkarriere besser verlaufen als meine eigene aber es hatte eben doch das eine oder andere Auf und ab gegeben. Nachdem sie mit durchschnittlich guten Ergebnissen Ihre Fachhochschulreife erhalten hatte waren wir alle erleichtert und da ich unserer Tochter schon immer von Nizza und Monaco vorgeschwärmt habe, wo ich als junger Springinsfeld mit meiner Schwester gewesen war, entschlossen wir uns 1981 diese Reise noch einmal zu machen, aber mit dem eigenen Auto. Oberhalb von Nizza in Saint-André-de-la-Roche hatten wir ein Haus gemietet und uns für die Anreise drei

Tage Zeit genommen. Zunächst
waren wir zum Bodensee gefahren,
danach bis Lugano in der Schweiz
und dann durch Italien bis an die
Küste und schließlich an der Küste
entlang bis nach Nizza, wo wir bei
unserer Vermieterin den Schlüssel
abholen   mussten.
Da wir den Weg von Nizza aus nicht
kannten fuhr sie mit dem eigenen
Wagen vor uns her. So geschafft ich
von der Reise auch gewesen sein
mochte, so schnell wachte ich wieder
auf denn unsere Vermieterin legte
ein irres Tempo vor. Am Haus angekommen konnten wir nur staunen;
eine überdachte Terrasse mit freiem
Blick auf Mittelmeer und Nizza. Was
für ein Traum. Wir genossen die
Côte d' Azur sahen uns Monaco,

MonteCarlo, Nizza, Cannes und, Saint-Tropez an.

Wir fuhren in die Berge wo die Luft nach Blüten und Gräsern riecht und besuchten die Lavendelfelder in  Grasse mit ihren wundervollen Farben und abends saßen wir auf der Terrasse oder gingen am Strand von Nizza spazieren im sanften Abendwind vorbei an unzähligen Restaurants. In Monte Carlo gab es am Hafen noch einen kleinen Strand, wo man wunderbar das Treiben der vielen Menschen beobachten konnte. Noch schöner, weil etwas ruhiger und kleiner war es in Saint-Tropez. Die Altstadt mit Ihren schmalen Gassen und kleinen Bistros ist richtig gemütlich und wenn man dann zum Sonnenuntergang am Hafen sitzt, wird man mit einer blauen Stunde belohnt, die ich so noch an keinem anderen Ort gesehen habe. Da wie immer der Urlaub zu Ende gehen musste machten wir uns auf den Heimweg. Immerhin hatte ich mich mit meiner Familie auf die Spuren meiner Jugend begeben. Für die Heimfahrt hatten wir zwei Tage eingeplant und wer ein guter Busfahrer ist, der schafft das mit links.

Teil VI

NEUANFAENGE

Während des Urlaubs, hatten meine Frau und ich uns schon mal mit unserer Tochter darüber unterhalten, für welchen Beruf sie sich entscheiden wollte. Die meisten jungen Leute neigen dazu Ihre Fähigkeiten zu überschätzen und haben, wenn wir ehrlich sein wollen, noch eine ganze Menge Flausen im Kopf und so zogen sich die Diskussionen etwas länger hin. Die Leichtigkeit im Denken, hat unsere Petra von meiner Mutter geerbt, die Empathie von meiner Frau und Spontaneität und Beharrlichkeit von mir.

Sie hatte den Wunsch in einem Hotel eine Ausbildung zu machen und bewarb sich in einem Hotel in Charlottenburg in dem sie auch schnell einen Vorstellungstermin beim Personalchef bekam. Schnell musste sie erkennen, dass die Ausbildung in einem Hotel nicht nur harte Arbeit ist und die Vorstellung dass Sie mit Ihren Sprachkenntnissen gleich an der Rezeption landen würde fiel in sich zusammen. Nachdem das Thema Hotellerie sich so schnell erledigt hatte und nach einer etwas längeren Unterhaltung besann sie sich darauf, dass sie in den Ferien in einer großen Schreibwarenfirma ausgeholfen hatte. Zur Freude ihrer Eltern wurde sie dort schnell für eine Ausbildung zur Industriekauffrau angenommen.

Bei mir lief alles normal und ich lenkte meinen Bus durch die immer volleren Straßen Berlins, bis zu dem Tag, an dem ich eine sehr starke Nierenkolik bekam. Meine alter Freund der erhöhte Blutdruck kam wieder und als kurze Zeit später die ärztliche Nachuntersuchung bei der BVG wegen der Verlängerung des Personenbeförderungsscheines anstand war mein Blutdruck so überhöht, dass man mir vorschlug eine Ausbildung als Dienstzuteiler zu machen. Die Ausbildung sollte sechs Wochen dauern, wurde bei voller Bezahlung durchgeführt und winkte mit der Aussicht nur noch am Tag zu arbeiten. Ich nahm das Angebot an und begann so mit mittlerweile vierzig Jahren noch einmal zu lernen. Wie so oft war der praktische Teil für mich einfacher und erfolgreicher als die Theorie aber am Ende wurde ich für meine Mühen belohnt und war nun, mit viel neuem Wissen Dienstzuteiler mit Busfahrertätigkeit. Das war im Jahr1985 und während die Zeit verging und ich mich wohlfühlte wurde ich bald ins Angestelltenverhältnis übernommen.

1988 im Herbst, kurz vor unserem Urlaub, ging es meiner Frau sehr schlecht. Wie jedes Jahr zu Beginn der trüben Jahreszeit bekam sie

Depressionen. Sie war schon bei verschiedenen Ärzten aber keiner konnte Ihr so richtig helfen. Da bekam sie einen Tipp von einer Freundin, die eine gute Heilpraktikerin in Berlin kannte, die mit Fußreflexzonenmassage und Homöopathie behandelte. Schnell bekam meine Frau einen Termin bei Ihr der für mehr als eine Überraschung sorgen sollte.

Meine Frau hatte mich zu dem Termin mitgenommen und ich hörte nicht nur genau zu sondern beobachtete auch die Massage sehr genau. Als Sie meiner Frau sagte, dass diese vor 10-11 Jahren einen starken Nervenzusammenbruch hatte, fiel mir die Kinnlade herunter und ich fragte mich, woher Sie das wusste, denn erzählt hatten wir es ihr nicht. Die Füße meiner Frau hatten das übernommen und trotz aller Skepsis war meine natürliche Neugier geweckt und nachdem Sie meiner Frau einige Homöopathische Medikamente verschrieben hatte unterhielten wir uns noch eine Weile, über die Reflexzonenmassage. Sie bemerkte, dass mein Interesse an den Möglichkeiten dieser Behandlungsart geweckt war und schlug vor, nach unserm Urlaub an einem Wochenendseminar teilzunehmen. An jenem Wochenende waren wir mit achtundvierzig anderen Personen zu dem Seminar angetreten und nachdem die Einführung in die

Funktionsweise des Körpers auf die Reflexpunkte an den Füßen ausführlich und anschaulich erklärt wurde, begann das Massagetraining. Wir haben uns abwechselnd mit einem Partner gegenseitig nach Anweisung die Füße massiert, wobei auch viel gejammert und gelacht wurde. Da meine Frau sehr kleine Hände hat machte es ihr weniger Spaß als mir; ich war begeistert über die Wirkung der Massage und ich hatte im Hinterkopf den Gedanken meiner Frau damit besser helfen zu können.

Die schriftlichen Unterlagen verschlang ich regelrecht und bei wem konnte ich besser üben als bei meiner Frau. Sie fühlte sich danach immer besser und benötigte weniger Medikamente. Ihr Kopf war frei nach den Massagen wir konnten uns wunderbar über Probleme unterhalten, die nach der Massage gar keine mehr wahren. Ich war dann einige Zeit später wieder bei der Heilpraktikerin, wegen der wenigen Medikamenten, die noch notwendig waren und erzählte Ihr von den Erfolgen bei meiner Frau.

Sie stellte fest, dass ich einer der Menschen war bei denen die Energie von innen herauskommt. Sie strich mir über meine Handflächen und sagte, man weiß nicht, ob ich in einem früheren Leben so etwas Ähnliches gemacht hatte und ich erzählte ihr, dass ich als 18jähriger auch Krankenpfleger werden wollte. Sie sah mir in meine Augen, strich mir noch mal über meine Hand und sagte „Siehst Du?"

In meinem Kopf, hat es sich angefühlt, als ob ein Knoten geplatzt wäre und ich begann damit alle Füße zu massieren die ich in meine Hände bekam. Manchen Leuten bin ich damit auch auf den Nerv getreten, die es für unmöglich hielten, das man den Körper über die Füße richtig stimulieren kann. Ich musste in den folgenden Jahren immer wieder solche Menschen treffen, die nur an Dinge glauben, die angeblich durch die Wissenschaft bewiesen ist. Ein schlauer Psychologe, sagte einmal, das unsere Wissenschaft lediglich die Wissenschaft über die Menschlichen Irrtümer sei und Einstein sagte, dass Fantasie wichtiger sei als Wissen denn Wissen ist begrenzt.

Ich wurde immer besser in meinen Massagen und nach einiger Zeit, fragte ich mich, ob ich daraus einen Beruf machen könnte? Mit der Assistentin der Heilpraktikerin unterhielt ich mich darüber, was ich dazu noch lernen könnte und kamen so auf die Fußpflege. Sie empfahl mir eine Schule in der Sie selbst die Ausbildung zur Nagel-und Hornhautspezialisten, fachlich Chiropodistin, gemacht hatte und so fackelte ich nicht lange und fuhr am nächsten Tag dorthin um mich ausführlich zu informieren.

Die Ausbilderin erzählte mir, dass die ganze Ausbildung 1600 DM kostet plus eine Erstausstattung mit Bestecken für die Pediküre. Meine Frau war zunächst nicht sehr begeistert, aber gestand mir zu die Ausbildung zu machen, dann könnte ich ihr ja immer die Füße machen. Ein halbes Jahr ging ich also dienstags und donnerstags zwischen sieben und zehn Uhr abends in die Schule. Meiner Frau war das aber immer noch nicht ganz geheuer.

Im Jahr 1990 hatte sie eine sehr schwere depressiven Episode mit starken Gefühlsschwankungen von himmelhoch jauchzend bis tiefst betrübt. Und auch wenn es auf der einen Seite meine Bemühungen zu lernen nicht unbedingt einfacher machte, hatte das, so paradox das klingen mochte Vorteile für mich. Ich konnte alles, was ich bei der Fußreflexmassage gelernt hatte, bei meiner Frau umsetzen. Ich holte bei der Heilpraktikerin Beruhigungstropfen auf Homöopathischer Basis, die sie gut vertrug und massierte ihr regelmäßig die Füße. Jedes Mal konnte ich die positive Wirkung meiner Handarbeit feststellen, meist war sie nach der Massage für eine kurze Zeit vollkommen in Ordnung bevor sie wieder in ein Loch fiel. So ging es immer weiter. Massage, Massage, Massage. Ganz allmählich wurden die guten Phasen länger und das waren die Momente in denen ich mich auch ein bisschen erholen konnte und weil alles gut lief beschlossen wir zwei Wochen Urlaub auf der griechischen Insel Kreta zu machen. Kurz vor dem Abflug bekam meine Frau wieder eine depressive Phase und ich musste jede Nacht zwei bis drei Mal massieren um Sie soweit zu beruhigen, das Sie wieder schlafen konnte. Ich kam fast nie dazu in meinen Unterlagen zu lesen und zusätzlich hat Sie immer gegen meine Ideen gesprochen. Am Ende des Urlaubs, war ich soweit, meine ganze Ausbildung hinzuschmeißen. Nach dem Urlaub habe ich dann mit der Ausbilderin gesprochen. Als ich ihr die Gründe nannte warum ich aufhören wollte, liefen mir die Tränen und ich konnte mich nicht mehr halten. Erst nachdem ich mich beruhigt hatte sagte die Ausbilderin, dass aufhören nicht in Frage kommt. Sie bot mir an eine halbjährige Pause zu machen und dann fortzusetzen. Für meine Frau hatten wir eine Therapeutin gefunden, die etwa im gleichen Alter war und mit der die Chemie auf Anhieb stimmte, was ja sehr wichtig ist. Durch viele Gespräche konnte meine Frau viele Probleme aus Ihrer Jugend aufarbeiten, was mir dann die nötige Ruhe gab, um meine Ausbildung fortzuführen. Und so, Anfang 1991, bestand ich als einziger Mann unter zwanzig Frauen die Abschlussprüfung mit einer zwei.

Nach der Prüfung hatte ich noch von der Ausbilderin erfahren, dass danach noch ein Seminar über die Fußreflexmassage stattfindet mit Bestätigung durch ein Zertifikat. Das brauchte ich ja noch, weil meine Heilpraktikerin nur die Ausbildung machen durfte.

Nun hatte ich das was ich immer wollte: einen zweiten Beruf, ein zweites Standbein. Auch meine Frau, die sich in der Zwischenzeit immer mehr erholt hatte, war sehr stolz, dass ich das trotz aller Widerstände durchgehalten habe. Im Februar 1991 habe ich mich dann nebenbei selbstständig gemacht. Für vierhundertfünfzig Mark im Monat machte ich neben meinen acht Stunden im Büro Hausbesuche gemacht mit Pediküre und Reflexzonenmassage. Ich baute meinen Kundenstamm immer weiter aus und bekam auch immer mehr Übung. 1992 besuchte ich mal wieder die Heilpraktikerin, der ich im Laufe der Zeit mehrere Kunden geschickt hatte, denen ich von Ihren Erfolgen erzählt hatte. Sie hatte sich bei mir dafür bedankt und empfahl mir an einem Seminar für Fortgeschrittene in der Fußreflexzonenmassage teilzunehmen. Dort lernte ich dann die

Nervenpunkte an den Füßen kennen was für meine spätere Arbeit sehr wichtig war. Es ist eben ein sehr langer Weg bis zur perfekten Massage. Gleichzeitig bot Sie mir die Teilnahme an den Seminaren zwei und drei an die ich mir aber nicht leisten konnte. Da sie der Meinung war, dass die Seminare für mich wichtig waren und sie in mir einen Heiler erkannte spendierte sie mir die Teilnahme. Durch meine Kunden hatte sie mitbekommen, wie ich diese überzeugt hatte. Ich musste erst mal lachen und sagte, dass ich dann wohl auch bald einen Heiligenschein bekomme. Auch Sie musste lachen und sagte, dass es soweit wohl nicht kommen wird.

Ich besuchte beide Seminare und war erstaunt über die hohe Anzahl an Ärzten, die ich dort kennengelernt habe. Zudem bekam ich eine ganz andere Sicht auf mich und die Welt. Ich begann mehr über meine wirklichen Fähigkeiten nachzudenken und im Laufe der Zeit, wuchs mein Kundenstamm immer weiter. Das positive Echo meiner Kunden auf meine Fußreflexmassagen, bestätigte mich in meiner Ansicht, dass ich endlich meine wahre Berufung gefunden hatte, nämlich um anderen Menschen zu helfen, wenn Sie das zulassen. Eines Abends, es war schon sehr spät, rief mich meine Heilpraktike-rin an und bat mich, eine ihrer Patientinnen zwecks Fußreflexzonenmassagen anzurufen, da sie selbst aus Zeitgründen keine Hausbesuche machen konnte. Die besagte Patientin benötigte regelmäßige Fußreflexmassagen und so rief ich gleich an und vereinbarte mehrere Termine. Bei meinem ersten Termin öffnete mir eine Haushaltshilfe die Tür und begleitete mich ins Schlafzimmer in dem eine ältere kleine und schmächtige aber sehr resolute Dame mit sehr kleinen zerbrechlichen Füßen. Deswegen hatte mich die Heilpraktikerin gebeten sehr vorsichtig die Füße massieren. Ich habe mir meinen Schrecken nicht anmerken lassen und während der ersten Minute der Massage die Luft angehalten bis die Dame mir sagte, dass ich meine Sache sehr gut machte. „Sie schleichen sich richtig in meinen Körper hinein." Da ließ meine Anspannung nach. Am Anfang unserer Massagen, lief Sie noch mit zwei Krücken. Nach drei Wochen und sechs Massagen und ihrer Medikamente brauchte Sie nur noch eine Krücke. Danach sagte Sie mir, mit einer Krücke, kann ich auch wieder ins KADEWE gehen, was ihr sehr gefehlt hatte.

Als unsere Termine beendet waren, erzählte Sie mir, das Sie wieder in ein Hotel in Charlottenburg zu Ihrer Kosmetikerin geht und mich bei Ihr sehr empfehlen will. Ich habe nicht damit gerechnet, aber eine Woche später rief Sie noch mal an und sagte, dass ich die Kosmetikerin mal anrufen solle, da die mich kennen lernen wollte. Ich vereinbarte mit der Kosmetikerin einen Termin an dem ich auch ihr die Füße massierte. Sie war begeistert und hat einigen von Ihren Kundinnen davon erzählt, die dann auch von mir die Fußreflexmassage haben wollten. So ging es immer weiter und mit dem steigenden Erfolg wuchs auch der der Stress. Nach acht Stunden im Büro, ins Hotel und danach Hausbesuche, da blieb nicht viel Zeit für meine Familie über. Mir schwebte immer vor, mich mal richtig selbstständig zu machen aber dazu reichte mein Kundenstamm noch nicht aus.

1993 im August, heiratete unsere Tochter ihren geliebten Anthony. Beiden schwebte eine Hochzeit à la Hollywood vor. Nur fehlte noch der richtige Rahmen für diese Hochzeitsfeier. Beide hatten für dieses Ereignis gespart und wir fanden in Berlin Mitte das Objekt der Begierde, ein Hotel mit imposantem Eingang und so fehlte nur noch der standesgemäße Brautwagen. Das war das einzige was der Brautvater zu bezahlen hatte, einen Rolls Royce samt in England ausgebildetem Chauffeur. Es war alles perfekt. Eine Traumhochzeit.

Es kam das Jahr 1994 und mein Vater war am Telefon und wünschte sich, dass ich doch nochmal in die USA komme, nach Pearl-River um über die Erbschaft zu sprechen. Die beiden Kinder von Ruth lebten nicht mehr, Ingrid starb an Krebs und Ingo beging Suizid und so war ich dann noch der letzte Nachkomme. Nach einer langen Diskussion mit meiner Frau und noch einigen Telefongesprächen beschlossen wir, dass ich noch mal in die USA fliegen würde. Zehn Tage im Herbst desselben Jahres war ich dann bei meinem Vater. Es hätte sehr schön sein können, wenn es nur mein Vater gewesen wäre. Aber jedes Mal wenn wir uns unterhielten kam Ruth dazwischen und meckerte mit ihm herum. Als Sie mal beim Friseur war, konnten wir uns in Ruhe unterhalten und es war ein sehr gutes Gespräch. Er entschuldigte sich bei mir für die Vergangenheit und gestand mir, dass er vieles anders hätte machen sollen. Meine Entwicklung, die er stetig mitverfolgt hatte, nötigte Ihm großen Respekt ab. Wir hatten beide Tränen in den Augen. Das Thema Erbschaft war nur ein vorgeschobener Grund denn von all den Sachen hätte ich nichts gebrauchen können. Er wollte mich noch mal sehen und nannte mir seinen größten Wunsch, wenn Ruth zuerst sterben sollte wollte er nach Berlin zu seinem Sohn kommen. Ich habe seinem Wunsch zugestimmt. So vergingen die zehn Tage wie im Flug und beim Abschied auf dem Flughafen war mein Vater sehr schnell weg. Seine Frau Ruth sagte mir mit einem Lächeln „Ihm liefen die Tränen!"

Das war mein letzter Besuch in den USA und meine Frau war sehr froh, als ich wieder in Berlin gelandet war und hoffte, dass ich nicht auf die Idee käme auszuwandern. Ich konnte Sie schnell beruhigen und musste mich erst mal von den zehn Tagen erholen, bis ich wieder arbeiten ging.

Eine weitere Veränderung stand auf dem Plan. Da unsere Tochter und meine Frau mich immer inständig gebeten haben, das Rauchen aufzugeben und da ich bei meinen Kunden immer von gesunder Ernährung und wenig Alkohol gesprochen habe, beschloss ich nun, das Rauchen aufzugeben. Es klappte sehr gut und ich war mit dem Rauchen bis auf drei Zigaretten am Tag herunter bis ich dann eines Tages immer nervöser wurde und wieder bei zwanzig Zigaretten am Tag gelandet war. Dazu kam der Whisky am Abend zur Entspannung und wenn mitten in der Nacht die Kopfschmerzen kamen, nahm ich eine Kopfschmerztablette, nicht mit Wasser sondern mit Orangensaft.

Lange konnte das nicht gut gehen und lange ging das auch nicht gut. Am 9. Oktober 1995 nach einem Besuch bei bekannten, musste ich mich nachts übergeben. Meine Frau, die das gleiche gegessen hat, hatte keine Probleme also war es wohl nicht das Essen. Am folgenden Morgen war wieder alles in Ordnung und ich machte den ganzen Tag über Hausbesuche. Ich merkte, dass ich immer schwächer wurde und als ich zu Hause war, sagte meine Frau, ich solle doch noch mal unseren Hausarzt anrufen. Obwohl ich nur schlafen wollte gab ich dem Drängen meiner Frau nach und habe den Arzt angerufen. Am Telefon, war die Sprechstundenhilfe, mit der ich am Vormittag schon mal gesprochen hatte und die brachte mich mit vielen Argumenten dazu sofort in die Sprechstunde zu kommen. Nach einer kurzen Stuhluntersuchung überwies mich der Arzt sofort ins Krankenhaus. Ein offenes Magengeschwür, der Stuhl blankes Blut. Der Krankenwagen war sehr schnell da, gerade noch Zeit meine Frau zu verständigen. Ich hatte keine Schmerzen und habe den Krankenwagenfahrern Witze erzählt. In der Notaufnahme ging alles sehr schnell. Das Ergebnis der Blutuntersuchung und der Stuhlprobe verhießen nichts Gutes und ich wurde in den OP gebracht wo der Chefarzt persönlich auf mich wartete, mit dem langen

Schlauch zur Magenspiegelung. Unerschütterlich und neugierig wie ich war lehnte ich eine Narkose ab und war erstaunt wie viel Schlauch da hineinpasste. Er kommentierte was er auf dem Monitor sehen konnte. „Riesenulkus, Magen voller Blut, Super Diagnose, allerletzter Moment, das können wir noch verkleben!"

In dem Augenblick, hat sich mein Leben total verändert. Rauchen und Whisky pur, waren aus meinem Gehirn gestrichen. Alles war gut verlaufen und ich verbrachte noch zehn Tage im Krankenhaus. Von Oktober 1995 bisJanuar 1996 war ich krankgeschrieben, um mich vollständig zu erholen, also hatte ich viel Zeit um über mein Leben nachzudenken. Auch über meinen Beruf als Dienstzuteiler habe ich immer wieder nachgedacht. Denn mit der Wiedervereinigung im Herbst 1989 hatte sich auch bei der BVG einiges verändert. Viele Kollegen von der BVG Ost, kamen zu uns herüber, nicht nur in der Dienstzuteilung, sondern auch in der Hauptverwaltung und so veränderte sich das Klima.

Da die BVG Personal abbauen wollte, haben Sie Kollegen, die länger als zwanzig Jahre dabei gewesen waren und das fünfzigste Lebensjahr erreicht hatten, eine Abfindung von vierundzwanzig Monatsgehältern angeboten. Ich hatte mich mit einem Kollegen der ein

Jahr vor mir bei der BVG angefangen hatte und mit dem ich mich sehr gut verstand länger unterhalten. Er kannte auch die Hintergründe, warum es in der Hauptverwaltung nicht mehr so gut lief und hatte bereits gekündigt. Das war ein kleiner Schock für mich, denn er war noch der einzige, der mich noch gehalten hat. Sonst waren im Büro nur noch Leute, die nach oben gearbeitet haben und ein Chefzyniker. Das war kein Arbeiten mehr, sondern nur noch eine Qual und so hatten wir zusammengerechnet, das wir, wenn ich das Geld gut anlege weiter Selbstständig arbeiten würde, über die Runden kommen sollten.

Ich habe nicht lange überlegt und habe dann als ich zu Hause war, meiner Frau offenbart das ich mich ganz Selbstständig machen will. Meine Frau hat das erst als Scherz aufgefasst aber ich habe Ihr erklärt, dass nichts schiefgehen kann. Denn ich würde Kranken und Rentenversicherung weiterbezahlen. Die Fünfundneunzigtausend Mark, die nach Abzug der Steuern überblieben, wurden gut angelegt wobei mir mein Schwiegersohn Anthony sehr geholfen hat. Einen Teil legten wir für etwaige Ausgaben zurück und so war ich ab dem 19 September 1996 ein freier Mann.

Teil VII

MASSGAGE

Viele Bekannte sagten mir, dass ich verrückt sei mich mit 52 Jahren selbstständig zu machen aber ich fühlte mich von Tag zu Tag wohler. Ich hatte keinerlei Ängste und konnte mich jetzt voll auf meine Kunden konzentrieren.

Das Jahr 1996 lief noch ganz gut aber Jahr 1997 begann sehr schleppend. Ich habe viel kalte Werbung gemacht, bin durch Kaufhäuser gewandert und habe viele Verkäuferinnen, die auf Ihren High Heels, immer von einem auf das andere Bein wechselten, natürlich, nur diejenigen, die im Augenblick nichts zu tun hatten, angesprochen. Ich habe Sie bedauert, dass Sie den ganzen Tag stehen müssen und wie sehr es Ihren Füßen schaden würde bzw. Ihrer Wirbelsäule. Ich brauchte gar nicht lange reden. Ich hatte Sie gleich auf meiner Seite. Denn Sie haben mir sofort alle Ihre Probleme erzählt und so konnte ich mich wunderbar auf die jeweilige Person einstellen und Sie auch fachgerecht beraten. Ich habe die Verkäuferinnen öfter auf Ihrer Arbeitsstelle besucht um Sie zu fragen, ob meine Ratschläge was gebracht haben. Sie haben sich alle sehr über meine Ratschläge gefreut aber es wurden keine Kundinnen daraus. Nur mein Bekanntheitsgrad war gestiegen.

Ich besann mich wieder auf die Kosmetikerin im Hotel in Charlottenburg. Mit Ihr sprach ich über meine Probleme. Sie konnte mich verstehen und sagte, dass Sie sehr gute Kundinnen hat, der Sie die Fußreflexmassage von mir empfehlen wollte. Es dauerte nicht lange, bis Sie mir die ersten Kundinnen brachten. Zu meiner und Ihrer Überraschung klappte das wunderbar. Wir brachten die Kombination-Gesichts und Dekolleté und gleichzeitige entspannende Fußreflexmassage heraus. Das ist eingeschlagen wie eine Bombe. Die Kundinnen fragten mich ob ich auch Hausbesuche mache? Aber natürlich! So wurde mein Kundestamm immer größer und die Einnahmen stiegen leicht an.

Das war der kleine Silberstreif am Horizont. Mit wachsender Kundschaft beruhigte sich auch meine Frau nach und nach, weil Sie sehen konnte, dass es doch der richtige Weg zu sein schien. Sie konnte sehen wie sich die Kunden, die zu uns nach Hause kamen, sich nach meiner Pediküre oder Fußreflexmassage wohlfühlten. Es kam das Jahr 1998 und Frühjahr hatten meine Tochter und mein Schwiegersohn ein Verkaufstraining für ein Sanitätsgeschäft gemacht. Der Besitzer des Geschäfts war mit dem Training sehr zufrieden und fragte meinen Schwiegersohn, ob der zufällig einen Chiropodisten kennt um in seinem Geschäft Fußpflege anzubieten. Mein Schwiegersohn fragte, ob er auch Fußreflexmassage dazu haben möchte und bekam zur Antwort, dass es natürlich noch besser war wenn er beides macht. Das war für mich der Einstieg in ein weiteres Geschäft und ich traf mich mit dem Besitzer in seinem Sanitätsgeschäft, ganz in der Nähe unserer Wohnung. Nach zehn Minuten war alles in trockenen Tüchern und mit Handschlag besiegelten wir unsere neue Zusammenarbeit. Nach einem halben Jahr erzählte mir der Besitzer dass er in Mitte, also im ehemaligen Osten auch ein Geschäft eröffnen würde und fragte ob ich auch dorthin kommen würde. Der Laden wäre mit dreihundert Quadratmetern deutlich größer und gegen einen kleinen Obolus sollte ich einen fünfzehn Quadratmeter großen Raum bekommen.

So begann ich 1998 in dem neuen Laden bei null, denn die anderen Kunden aus dem alten Laden kamen nicht mit. Es war Ihnen zu weit. Aber mir blieben ja noch die Hausbesuche und die Kundschaft im Kosmetiksalon. Da der Laden genau gegenüber dem Krankenhaus Charité lag, gab es auch viel Publikum und mit Hilfe der netten Verkäuferinnen, hatte ich schnell einen Kundenstamm aus der näheren Umgebung. Dazu lernte ich in dem Kosmetiksalon im Hotel einen Orthopäden kennen, der jede Woche von mir zwei Mal eine Fußreflexmassage in seiner Praxis haben wollte. Dazu lernte ich in dem Kosmetiksalon auch eine Hotel Managerin kennen, die eines Tages einen Masseur für einen wichtigen Kunden in einem Hotel in Berlin Mitte suchte.

Da Sie wusste, wie ich massiere, rief Sie mich an und fragte, ob ich das machen könnte. Natürlich konnte ich. Bei so einem Angebot sagt man ja nicht nein. Der Hotelgast, war so zufrieden, dass er zwei Tage später noch mal eine Massage von mir haben wollte. Das war dann schon Anfang 1999. Da ich in solchen Fällen immer weiter denke, sagte ich mir, halte das Hotel mal schön fest. Ein Hotel ist immer sicher denn ich wollte mir auch dort eine Stammkundschaft aufbauen was mir im Laufe der Jahre auch gelingen sollte.

Ich pendelte also zwischen dem Orthopäden, dem Hotel, dem Sanitätsgeschäft, dem Kosmetiksalon und den Hausbesuche hin und her und merkte, wie ich immer positiver dachte. Ich lernte auch den Menschen zu zuhören, was mir früher immer schwer gefallen ist.

Eine Altlast aus einer Jugend in der ich mich immer behaupten musste. Auch wurde ich durch meine Arbeit viel ausgeglichener. Ich stellte mich auf meine Kunden und die Menschen in meiner Umgebung und deren Probleme ein und versuchte zu helfen, in dem ich meine eigene Erfahrung nutze.

Aber, wenn man auch noch so glücklich bei der Arbeit ist, braucht man ab und an Urlaub und so entschlossen wir uns, auf die dänische Halbinsel Rømø zu reisen. Wir hatten uns ein schönes Haus gemietet, das so richtig in den Dünen versteckt lag und sehr schön eingerichtet war. Wir fühlten uns sehr wohl dort aber neugierig wie ich bin, fragten wir den Vermieter, ob wir mal einige andere Häuser besichtigen können, die im Augenblick leer stehen. Wir hatten schon ein großes Haus in der Nähe ins Auge gefasst. Wir bekamen den Schlüssel und besichtigten das hundertneunzig Quadratmeter große Haus mit vier Schlafräumen einer Sauna und einem Whirlpool. Wir waren total begeistert und konnten uns kaum von dem Gebäude trennen. Als wir uns wieder etwas gefangen hatten, fuhren wir wieder ins Büro um den Schlüssel abzugeben. Der Vermieter merkte sofort, dass wir sehr begeistert waren.

Da ich ihm schon erzählt hatte, dass ich Masseur bin, sagte er mir, dass ich ja meine Kunden mitbringen könnte und nachdem ich überlegte sagte ich mir, warum eigentlich nicht. Da sah ich bei meiner Frau, dass sich Falten auf Ihrer Stirn gebildet hatten und gab Ruhe. Aber Sie kannte mich ja schon lange genug und merkte, dass mein Kopf, wie ein Computer arbeitete und die Idee ging mir nicht mehr aus dem Kopf. Als wir wieder in unserem Haus waren, machte ich für uns erst mal ein Kännchen Kaffee und während meine Frau Zeitschriften las, saß ich mit Taschenrechner bewaffnet auf der Terrasse und habe ausgerechnet, wie viel Kunden ich brauchen würde um das Haus, für vierzehn Tage zu bezahlen.

Ein Schlafraum sollte für meine Frau und mich bleiben und ein Raum für die Massagen ebenso. Eingeplant waren die Übernachtungen für eine Wochen mit Frühstück, einem Grillabend und zwei Massagen pro Person.

Wie man ein gutes Frühstücksbuffet macht, hatte ich mir im Hotel abgeschaut und sagte mir, das kannst du besser. Ich machte Werbung bei meinen Kunden und nach langem geduldigen Reden vielen Erklärungen, bekam ich die nötigen Kunden zusammen, darunter sogar ein Angestellte des Hotels mit Freund.

Alles was ich an Lebensmittel brauchte hatte ich aus Deutschland mitgenommen. Kurz um, alle waren total begeistert. Und ich hatte Haus, Massagen, Lebensmittel und meinen Ausfall in Berlin finanziert. Alle schwärmten von dem geräumigen Haus mit den gemütlichen Möbeln und dem Wohnraum mit seinem halbrunden Erker. Hier konnte man abends auf knapp 100 Quadratmetern einige Fläschen Rotwein genießen. Hier war die Nacht wirklich stockdunkel und dass einzige was in der Nacht zu hören war, waren die Geräusche der Natur. Fernab vom Verkehrslärm schlief man hier tief und fest und alle hatten nach einer Woche tiefenentspannt festgestellt, dass die dänische Halbinsel ein idealer Urlaubsort ist.

Wieder zurück in Berlin, lernte ich in dem Sanitätsgeschäft, eine Krankenschwester aus der Charité kennen, die sich für meine Massagen interessierte und bei mir einen Massagetermin ausmachte. Dabei erzählte Sie mir, das Sie auch massiert und ob Sie bei mir die Fußreflexmassage lernen könnte. Ich war einverstanden und wir machten einen Termin. Ich war sehr erstaunt, wie schnell Sie die Massage verstanden hatte und nach einigen Proben, hat Sie mir die Füße massiert. Sie erwies sich als wahres Naturtalent und ich empfahl ihr ein Seminar bei meiner Heilpraktikerin zu besuchen, was Sie dann auch tat.

Mein Gedanke war, dass ich ja auch mal eine Masseurin brauchen könnte, wenn ein Kunde von einer Frau massiert werden möchte. Das kam im Sanitätsgeschäft weniger vor aber im Hotel wurde schon mal danach verlangt. Als Sie von dem Seminar zurück war, machten wir einen Massagetermin und ich war von ihrer Massage begeistert. Natürlich war mal hier und da ein Griff nicht so perfekt aber das konnte man auch nicht erwarten. Ich lobte ihre Arbeit und vor Freude bekam Ihr Gesicht gleich etwas Farbe. Wir merkten, dass die Chemie zwischen uns stimmte, rein menschliche aber auch beruflich.

Es kam das Jahr 2000, das Jahr, in dem ich den ersten großen Durchbruch in meinem neuen Beruf hatte. Das Geschäft mit der Pediküre und Fußreflexmassage lief immer besser und es traf genau das ein, was ich meinem letzten Chef bei meiner Kündigung gesagt hatte, nämlich dass ich im Jahr 2000 Monatlich mindestens das doppelte verdienen kann als bei der BVG.

Meine Tochter und mein Schwiegersohn fragten mich, wo ich die vielen Kunden herhole und ich gab zur Antwort, die kommen einfach. Ich war natürlich überglücklich, das alles so lief und besonders meine Frau war beruhigt, dass Ich soweit gekommen war.

Was mir viel Freude bereitete war, dass die ewigen Zweifler aus unserem Bekanntenkreis verstummt waren. Mit eisernem Willen, den ich ja schon als Kind hatte, und harter Arbeit lässt sich eben fast alles erreichen, wenn man nur, so wie ich, von einer Sache überzeugt ist. Auch die Ehrlichkeit gegenüber dem Kunden war mir immer wichtig und ein Baustein meines Erfolges. Eine Kundin im Sanitätsgeschäft, sagte mir mal „Bei Ihnen merkt man, dass Sie hinter dem stehen, was Sie vermitteln." Wenn man solche Komplimente hört, dann weiß man, dass man auf dem richtigen Weg ist. Diese Kundin sagte mir, dass Sie für zwei Monate im Ausland sein würde und nach ihrer Rückkehr eine Ganzkörpermassage von mir haben wollte. Bis zu dem Zeitpunkt, hatte ich immer nur Fußreflex und Beinmassagen gemacht aber dennoch sagte ich ihr zu. Die Zeit verging und die Arbeit wurde immer mehr.

Eines Tages, kam eine Angestellte aus der Charité zur Fußreflexmassage mit starken Problemen im Schulter und Nackenbereich zu mir. Ich führte die übliche Fußreflex und Beinmassage durch wonach sie sich zwar besser fühlte, was aber nicht von langer Dauer war. Am nächsten Tag rief Sie mich an und sprach eine leise Beschwerde aus, dass ich zu kräftig massiert hätte, denn Sie hatte noch am selben Abend eine starke Migräne bekommen. Ich machte mit Ihr sofort einen Termin für den gleichen Tag aus und machte mir in der Zwischenzeit Gedanken, wie ich Ihr helfen konnte. Ich sagte mir, wenn das Blut und die Lymphflüssigkeit bei der Reflexmassage, durch den Körper bis in die Schultern, Kopf und Arme fliest, aber die Schultern und der Nacken völlig verspannt ist, dann entsteht im Schulter und Nacken Bereich ein Stau der zu Druck und Migräne führt. Ich erklärte Ihr das und erläuterte, dass ich nun auch den Schulter und Nackenbereich massieren würde um den Stau aufzulösen und während ich noch erzählte, lag Sie schon zum Teil entkleidet auf der Liege. Von den Füßen arbeitete ich mich dann über den Rücken zu Schulter und Nackenbereich vor. Dass Ihr die Massage gut tat und sie sich wohlfühlte hörte man an den Tönen, die sie von sich gab. Nach der Massage machte Sie gleich einen neuen Termin und hatte später keine Kopfschmerzen mehr. Ich war also auf der richtigen Spur und in meinem Kopf entstand der Gedanke eine neue Massagekombination zu entwickeln.

Mit Sandra, der Krankenschwester aus der Charité machte ich mehrere Trainingstermine für die neue Massagekombination aus und wir massierten uns gegenseitig bis die richtige Kombination gefunden war und dafür machten wir dann gemeinsam Werbung. Natürlich dauerte es etwas, bis die ersten Kundinnen bereit waren sich von einem Mann eine Ganzkörpermassage geben zu lassen aber als es soweit war, staunte ich nicht schlecht, wie schnell sich meine Ganzkörpermassage in der Damenwelt herum gesprochen hat. Das merkte man auch bei den weiblichen Hotelgästen in Mitte, denn manche machten nach der ersten Massage gleich einen zweiten Termin.

Diese starke Resonanz und die positiven Aussagen der Hotelgäste sind auch dem Rezeptionspersonal und der Hotelchefin und meine Position im Hotel als Masseur wurde immer sicherer. Das Hotel hatte mehrere Masseure zur Verfügung aber zum Schluss behauptete ich mich, nicht zuletzt weil ich immer und zu allen Zeiten zur Verfügung stand, auch mal mitten in der Nacht.

Eine Amerikanerin hatte durch den langen Flug äußerst starke Verspannungen und Schmerzen, so dass Sie weder sitzen noch liegen konnte und so wurde ich mitten in der Nacht gerufen. Der Betrieb im Hotel richtet sich eben nicht immer nach Uhr oder Kalender. So wurde das Hotel im Laufe der Zeit immer mehr zu meiner Haupteinnahmequelle. Die Kundschaft im Sanitätsgeschäft wurde immer weniger weil bestellte Waren ewig lange Lieferzeiten hatten, da der Inhaber seine Außenstände nicht beglichen hatte. Von den Kunden dort konnte ich nur wenige mit ins Hotel nehmen und langsam wurden die Zeiten schwieriger und die Einnahmen weniger.

Teil VIII

ABSTURZ UND AUFSTIEG

Mit Einführung des Euros im Jahr 2002 kam eine Phase der Unsicherheit und während das Hotel mit rückläufigen Zahlen besser umgehen konnte, hatte ich mit ausbleibender Kundschaft deutlich mehr zu kämpfen. Unsere Reserven, die ohnehin keine Riesensprünge erlaubten schrumpften unter der Last. Zusätzlich schloss das Sanitätsgeschäft seine Türen und so stand ich da mit meinem Talent. Was nun? Den Laden selbst übernehmen? Aber die Dreihundert Quadratmeter Ladenfläche in Mitte wären selbst bei einer Aufteilung zu teuer gewesen.

Ein Frieseurgeschäft in bester Lage an der Friedrichstraße, dessen Besitzerin ich schon etliche Jahre kannte wurde zu meiner Rettung. Übergangsweise, bis eine neue Kosmetikerin gefunden wurde, konnte ich einen kleinen Raum mieten, zwar für viel Geld aber die Show musste schließlich weitergehen und Angst kannte ich, im Gegensatz zu meiner Frau, die sich wieder einmal Sorgen machte, nicht. So pendelte ich zwischen dem Friseurgeschäft und dem Hotel die nur 3

Minuten voneinander entfernt lagen. Das Geschäft lief wiederum ganz gut bis ich die Idee hatte ein Ultraschallhochvoltgerät zu leasen, mit dem man Blockaden im Rücken und Schulterbereich wunderbar und schmerzfrei lösen konnte. Von allen Seiten bekam ich Zuspruch, da das Gerät sicher gut war nur auf den Kosten blieb ich alleine sitzen. Wer nicht wagt gewinnt auch nicht, dachte ich mir nur diesmal hätte es heißen müssen, dass der der wagt auch verlieren kann. Um die Leasingkosten hereinzuholen musste das Gerät mehrere Stunden laufen, den ganzen Tag wenn Gewinn dabei herausspringen sollte. Die Kunden, die auf mein Werben hin die Behandlung ausprobierten waren hochzufrieden, aber es waren viel zu wenige. Die meisten, auch Gäste aus dem Hotel, bedauerten zu wenig Zeit zu haben, einige hatten Angst. Ultraschallhochvolt? Was ist das? Bekomme ich davon einen Stromschlag?

Es wurde für mich immer schwieriger meine monatlichen Kosten zu decken; Raten für meinen PKW und das Ultraschallgerät, Miete für den Raum und natürlich die steigenden Lebenshaltungskosten und so kam es wie es kommen musste. Die Bank wollte mir kein Geld geben, schließlich bekommt man dort nur welches, wenn man nachweisen kann, dass man es gar nicht benötigt und so ging ich zu meiner Schwägerin.

Das Geschäft lief nicht, es tröpfelte und dann musste ich schließlich den Raum im Frieseurgeschäft abgeben, da eine Kosmetikerin gefunden war. Da die Besitzerin und ich uns verstanden und Sie mir nicht kündigen wollte, half Sie mir so gut es eben machbar war und stellte mir einen Raum zur Verfügung in dem ebenso meine Liege und meine Geräte für die Fußpflege Platz fand. Versuche mit der Kosmetikerin zusammen zu arbeiten, fruchteten nicht wirklich und auf meine Vorschläge und Angebote ging sie nur ein um ihre Ruhe zu haben. Ein gemeinsames Konzept aus Kosmetik und Ultraschallbehandlung hätte vermutlich den Handel mit teuren und unnötigen Cremes geschmälert. Show und Ambiente waren ihr wichtiger als eine professionelle Arbeitshaltung und vielleicht hätte sie besser Fotomodell werden sollen, denn schlecht sah sie nicht aus. Es dauert nicht lange, bis Sie anfing zu intrigieren, sie schmeichelte sich immer mehr bei dem Mann der Chefin ein, behauptete, dass das Hochvoltgerät ja nicht gesund sein könnte. Daraufhin unterhielt der sich mit seinem Bruder, einem Arzt, und das Ergebnis können Sie sich sicher vorstellen.

Möglicherweise und vielleicht könnte es, zum Beispiel bei der Stirn-falten-Behandlung zu eventuellen Hirnhautverletzungen kommen, und ähnlich abstruse Vermutungen. Mit dem Ergebnis, dass ich das Hochvoltgerät im Geschäft nicht mehr nutzen durfte. Eine gekaufte Stimme gegen alle Medizinischen Testreihen. Als ich dann auch noch sah, dass die Kosmetikerin und er sich bei dem Gespräch anlä-chelten war für mich der Zug abgefahren.

Nach dem Gespräch und zwei Tassen Kaffee meldete ich mich zu einem Gespräch mit der Hotelchefin an. Es gab dort einen kleinen Raum, den ich mieten wollte und wir wurden uns schnell einig, sogar für gute hundert Euro weniger als im Friseurgeschäft. Zudem wusste auch meine neue „Vermieterin" um die Qualität meiner Massagen, da sie viele positive Bewertungen der Gäste gelesen hatte. Als ich nach dem Gespräch meine Sachen im Friseurgeschäft abho-len kam und mitteilte, wo ich jetzt zu finden war, würdigte man dies mit keinem Kommentar. Abgebrochen habe ich den Kontakt zum Friseurgeschäft jedoch nicht denn man kann ja nie wissen und zusätzlich machte ich heimlich etwas Werbung für mich bei den dortigen Kunden.

Zwei Friseurinnen hielten mir jedoch die Treue, da sie durch die Armhaltung bei Ihrer Arbeit immer starke Schulter und Nackenbeschwerden bekamen, die durch meine mittlerweile wohlerprobte Massagekombination beseitigen konnte. Die Wirkung war jedes Mal optimal doch selbst wenn Sie für mich hätten werben wollen, hätten sie es nicht dürfen, weil in dem Geschäft ja nun auch eine Kosmetikerin arbeitete. Das Geschäft im Hotel hatte sich positiv weiterentwickelt bis zu dem Zeitpunkt, als man beschloss drei Etagen des Hotels zu renovieren, was weniger Gäste und damit auch weniger Kundschaft bedeutete und mein privater Kundenstamm fühlte sich abgeneigt ins Hotel zu kommen weil es Ihnen zu vornehm erschien. Da half auch alles gut zureden nichts und so wuchs für mich der Druck aufs Neue, da ich so natürlich nicht kostenddeckend arbeiten konnte. Also musste ich mir öfter Geld von meiner angelegten Abfindung und von unserer Familie leihen.

Zwischendurch lief es mal wieder ganz gut, so dass ich wieder etwas Geld auf die Seite legen konnte und mit der Hoteldirektorin konnte ich mich darauf einigen, statt einer regelmäßigen Miete eine Provision von zwanzig Prozent zu zahlen. Außerdem erlaubte sie mir die ausstehende Miete abzustottern, denn sie wusste ja, dass auf mich verlass war.

Das hatte mir erst mal wieder Luft verschafft und wie so oft zeigte sich das eine gute Sache mit Beharrlichkeit mehr Gutes nach sich ziehen konnte. Ich lernte im Hotel einen Gast kennen, der von meiner Massage so begeistert war, dass er sich regelmäßig massieren lies auch wenn er in einem anderen Hotel wohnte. Wenn er Kollegen dabei hatte, legten sich die aufgrund seiner Empfehlung auch gleich auf meine Liege. Mit den so steigenden Einnahmen konnte ich einen Teil meiner Schulden begleichen und so beruhigte sich auch meine Frau etwas.

Einfach waren die Zeiten sicher nicht und nicht umsonst bedeutet selbständig arbeiten selbst und ständig zu arbeiten. Eine Fußballmanager der im Hotel wohnte berichtete mir, dass ein Freund in Charlottenburg einen Masseur sucht und ob ich daran Interesse hätte. Ich bestätigte ihm das und wir vereinbarten einen weiteren Massagetermin und in der Zwischenzeit wollte er mit seinem Freund sprechen. Bei seinem nächsten Termin gab er mir die Telefonnummer von dem Freund und so machte ich kurzerhand telefonisch einen Termin mit Sigi, der ärztliche Praxiseinrichtungen vermittelte. Sigi hieß er nicht wirklich aber Namen sind ohnehin Schall und Rauch. Bei unserem ersten Treffen in Charlottenburg zeigte er mir die Räume die er zu Verfügung hatte und ich bekam glänzende Augen. Auf Dreihundert Quadratmetern wollte er eine Kombination mit medizinischer Pediküre, Fußreflexmassage und Verkauf von Praxiseinrichtungen anbieten. Zwei Visionäre mit einem Projekt, ich war natürlich begeistert. Seine Sekretärin war von der Idee weniger begeistert aber das sollte ich erst viel später verstehen und so machte ich eifrig Werbung in den umliegenden Geschäften für meine Massagen.

Zehn Massagen haben wir spendiert, die siebte war eine Ganzkörpermassge. Die Interessenten mussten zwischen zehn und halb elf anrufen und obwohl Sigi nicht an den Erfolg glauben wollte begann um Punkt zehn das Telefon zu klingeln und zwanzig Minuten später waren alle Termine vergeben. Sigi war platt aber sie wissen ja, wenn etwas gratis ist dann ist der Andrang groß. Aber ich hatte durch die Aktion immerhin drei Kundinnen gewonnen, die fortan öfter zu mir kamen um sich zu entspannen. Ein Anfang war gemacht aber das Geschäft sollte sich ja schließlich selbst tragen und so benötigten wir ein breiteres Angebot. Die Firma von der ich das

Ultraschallgerät geleast hatte bot auch ein Gerät zur permanenten Enthaarung an, das beste damals auf dem Markt, und Sigi leaste dieses kurzerhand. Zusätzlich vervollständigten wir unser kleines Team mit einer Allgemeinmedizinerin und Ernährungsberaterin und bereiteten eine riesige Einweihungsfeier vor. Den ganzen Abend erklärte und erzählte ich dem hauptsächlich weiblichen Publikum von Massagen und Enthaarungen und am Abend war ich völlig erschöpft.

Unsere Rechnung schien aufzugehen. Es kamen mehr Kunden zu Massagen und zur Pediküre sowie zur Enthaarung. Doch so schnell es bergauf ging, so schnell relativierte sich der Erfolg auch wieder. Das begann mit den Enthaarungen. Vier bis sechs teure Behandlungen waren notwendig und die Kunden durften zwei Wochen vor und nachher kein Sonnenbad nehmen. Und auch wenn man das in den Wintermonaten problemlos hätte planen können war es den meisten natürlich eine zu große Einschränkung. Zudem begannen die Hautärzte sich mit Lasergeräten zur Permanententhaarung einzudecken und zu bewerben. Selbst wenn die Laserbehandlung bei den Ärzten teurer war als bei uns, glaubte unser Publikum natürlich den Halbgöttern in weiß mehr und so nahm die Nachfrage ab.

Auch Sigi hatte immer mehr Schwierigkeiten Kunden für seine Praxiseinrichtungen zu finden und versuchte, mäßig erfolgreich, sein Geschäft auf die ehemaligen Ostblockstaaten zu verlegen. Der Kunde ist eben König und der König will eben sparen und Gewinn machen. Die monatlichen Kosten waren hoch, die Räume und die Sekretärin sowie die Ausstattung wollten bezahlt werden.

Da lernte Sigi einen jungen Mann kennen, den ich hier Bob nennen werde. Dieser war einer jener jungen Leute, die es schafften aus allem einen beeindruckenden großen Auftritt zu machen. Er nahm die Menschen für sich ein wo er stand und ging und wenn er Werbung für etwas machte, glaubte man ihm alle Versprechen. Wir hatten offensichtlich ähnliche Ideen wo und wie man Werbung machen sollten und schritten ans Werk und da Bob jetzt als Partner im Geschäft war fragte mich Sigi, ob ich nicht den Geschäftsführerposten übernehmen wollte, damit er mehr reisen und Werbung für seine Praxiseinrichtungen machen könnte.

Sicher hätte ich nicht viel mehr Arbeit, also eine eher nominelle Beschäftigung. Nach dem ich darüber nachgedacht hatte gingen wir zu einem Notar und ich war offizieller Geschäftsführer. Ich dachte mir nicht viel dabei, denn ich konnte Ihn ja zu jeder Zeit anrufen, wenn etwas geklärt werden musste und außerdem wusste seine Sekretärin über das Meiste Bescheid. Wie immer lief erstmal alles gut an und Bob bewährte sich. Da wir 5 große Räume hatten kam Bob auf die Idee, diese an verschiedene Ärzte, Orthopäden und Allgemeinmediziner zu vermieten. Eine Allgemeinmedizinerin die hier ihre Privatpatienten empfangen wollte war schnell gefunden aber auch sie merkte schnell, dass nicht alles Gold war was glänzte.

Auch wenn die Adresse erstklassig war, war es für viele zu weit und für die meisten zu teuer sich bei uns behandeln zu lassen. Sigi hatte zusätzlich die Idee Ernährungsberatungen und Fitness anzubieten und hatte zufällig jemanden kennengelernt der beides anbot. Als dieser dann das erste Mal da war merkte ich schnell, dass Sigi und Er sich sehr gut verstanden und das alles darauf hinauslaufen würde mich aus dem Geschäft zu drängen. Wäre ich nun Hellseher gewesen, hätte ich mich vermutlich herausdrängen lassen, denn mir wäre sicher einiges erspart geblieben. Aber mein alter Instinkt war wieder einmal geweckt und brüllte mich förmlich von innen an, dass ich mir das nicht gefallen lassen dürfe. Ich hatte so viel investiert und ich war von dem Gedanken besessen, dass die Kombination aus

Orthopäden, Allgemeinmedizinern, Massagen und Wellness einfach nicht schief gehen konnte.

Nachdem ich mich mit Sigi unterhalten hatte und ihm klar gemacht hatte, dass ich immer noch Geschäftsführer war musste er zurückrudern und als er mit der Sekretärin mal wieder auf Geschäftsreise war gestand mir Bob, dass Sigi kein Vertrauen mehr in mich hätte und dass er, Bob also, mich kontrollieren sollte. Ich hatte es geahnt. Da Bob und ich die gleichen Ideen hatten, wie man die Räume effektiv nutzen könnte beschlossen wir die Geschäftsakten zu überprüfen. Von Computern hatte ich keine Ahnung, weil ich mich im Prinzip ja nicht darum kümmern musste aber wir hatten schließlich eine ganze Woche Zeit. Eine Woche und jede Menge Ungereimtheiten für die ich hätte geradestehen müssen, wären wir nicht aufmerksam gewesen. Mit Bob fuhr ich zu einem Anwalt, den er kannte um uns beraten zu lassen, wie wir weiter verfahren sollten. Zunächst mal sollte ich möglichst zügig meinen Geschäftsführerposten aufgeben, denn wenn die Bombe platzen würde, und das war abzusehen, hätte ich viel mehr Probleme als mir lieb sein könnte.

Ein mit mir befreundeter Anwalt und Notar, mit dem ich mich unterhielt nach dem ich den ersten Schrecken verarbeitet hatte riet mir zum gleichen Schritt. Nach der Rückkehr Sigis und dessen Sekretärin ließ ich beide wissen, dass ich meinen Geschäftsführerposten aufgeben würde da ein Jahr in dieser Position für mich ausreichte. Nach einem weiteren Notartermin war diese Entscheidung amtlich und es war verbrieft, dass ich für die Ungereimtheiten des letzten Jahres keine Verantwortung hatte. Ein halbes Jahr später gab Sigi das Geschäft auf.

Bob und ich wollten allerdings nicht von unserer Idee lassen, Medizin und Entspannung zu vereinen und Bob hatte, nicht unerwartet bereits Kontakt zu verschiedenen Medizinern aufgenommen und sogar Mietwillenserklärungen von ihnen unterschreiben lassen.

Vier Ärzte und ich waren bereit ein neues Geschäftskapitel aufzuschlagen. Vom Vermieter bekamen wir einen Zahlungsaufschub für die Miete bis die Ärzte gezahlt hätten. Allerdings wollten die Ärzte bis ihre Praxis in dem Studio mit Privatpatienten richtig laufen würde eine Mietminderung. Ich hatte bereits fünfhundert Euro für meine fünfundzwanzig Quadratmeter bezahlt aber ich konnte die Ärzte verstehen. Bob allerdings wollte nicht nur gleich die gesamte Miete, er wollte sogar eine wesentlich höhere Miete haben, als ihn das Studio insgesamt monatlich kostete. Da ich den eigentlichen

Mietpreis kannte warnte ich ihn, den Bogen nicht zu überspannen, sonst würden die Ärzte noch abspringen. In einem Gespräch mit den Ärzten äußerte er sich dann mit den Worten „Ich möchte nicht so lange arbeiten, ich möchte mich zurückziehen."

Das war der Tropfen, der das Fass zum Überlaufen brachte und es kam wie es kommen musste. Das Vertrauen war verloren und die Ärzte zogen ihre Willenserklärungen zurück, das Geschäft war geplatzt und ich stand wiederum mit einem Haufen Schulden da, denn in der Hoffnung, dass es bald wieder bergauf ginge, hatte ich mir immer wieder Geld bei meiner Schwägerin geliehen und klammerte mich an den Gedanken, dass ich mit mehr der teuren Enthaarungen den steilen Weg nach oben schneller schaffen könnte. Ich bekam auch einige vielversprechende Termine aber das reichte natürlich bei Weitem nicht aus.

Gerade hatte eine Kundin, mit einem umfassenden Auftrag viel Bargeld bei mir gelassen als Bob anrief, der gerade mit einem Freund im noblen KA-DE-WE zum Essen war. Weil ich doch so hohe Mietschulden hatte solle ich doch sofort zu Ihm kommen und Ihm Geld zu bringen.

Das machte mich so wütend, dass mir schlussendlich der Kragen platzte und ich sagte mir, lieber ein Ende mit Schrecken als ein Schrecken ohne Ende. Ich nahm das Geld, mein Ultraschallgerät und den Schlüssel und fuhr in das Kaufhaus wo ich ihn im Restaurant antraf. Ich gab Ihm einen Teil des Geldes und teilte ihm entschlossen mit, dass es für mich Zeit war die die Reißleine zu ziehen und unsere Geschäftsverbindung zu beenden. Bob, der den großen Auftritt liebte wurde so laut, dass es alle Gäste im Restaurant mitbekommen mussten. Er verlangte mit seiner gewohnten Selbstherrlichkeit, dass ich augenblicklich wieder in den Laden fahren und weiter arbeiten sollte, doch ich ließ ihn einfach stehen und fuhr nach Hause. Was für ein Gefühl!

Dass es für diesen Schritt eigentlich schon zu spät war, wollte ich mir natürlich auch nicht eingestehen. Mit den paar Privatkunden und Gästen im Hotel war nicht daran zu denken, meine monatlichen Kosten zu decken. Zudem drohte er mir nun, mich wegen des angeblichen Mietausfalles verklagen zu wollen. Sollte er doch, dachte ich mir und sprach es auch aus, denn einen richtigen Mietvertrag gab es nicht. Er begann damit mich am Telefon zu terrorisieren. Ständig rief er an und drohte mir mit dem Staatsanwalt und sämtlichen Gerichten und weiß der Teufel was noch alles. Meine Frau litt stark unter dem ständigen Schrecken und auch ich wurde langsam mürbe und fing an zu zittern wenn das Telefon klingelte. Der Rechtsanwalt, denn ich schon einmal um Rat gebeten hatte beruhigte mich und erläuterte mir warum alle Drohungen die Bob aussprach haltlos waren und als ich Verstand, dass er uns nichts anhaben konnte, gab mir das genug Aufwind um mich wieder auf das Kernproblem zu konzentrieren und mich auf die Zukunft meiner Familie zu besinnen.

Da mir nun immer mehr bewusst war, dass ich pleite war ging ich zum Arbeitsamt um dort nach Hilfe zu suchen. Die Tatsache, dass ich ein Jahr als Geschäftsführer gearbeitet hatte, bescherte mir ein kleines Arbeitslosengeld das noch nicht mal für unsere Miete reichte und mit zweiundfünfzig Jahren an einen Berufswechsel zu denken war auch kein besonders guter Plan. Blieb jetzt nur noch Hartz vier? Nein, so ging das nicht weiter. Es gab für mich nur noch den einen Gedanken „Du hast Dich da hineingeritten und jetzt schau, wie Du da wieder raus kommst." Wie schon früher packte mich mein Stolz und mein Ehrgeiz am ehesten, wenn mich alle auf verlorenem Posten sehen. Da das Arbeitslosengeld nicht für unsere Miete reichte, sprach ich mit der Wohnungsgesellschaft über eine Ratenlösung und bekam nach genauer Schilderung unseres Problems grünes Licht. Sehr gute Freunde streckten uns dann eine weitere Monatsmiete vor, die wir dann nach und nach abzahlten. Unsere Tochter fragte mich einmal, wie ich in dieser Situation so ruhig bleiben könnte und ich gab ihr zur Antwort, dass ich mich nur selbst blockieren würde, wenn ich in Panik geraten würde und den Kopf in den Sand steckte.

Als ich dann noch von meiner Frau erfuhr, dass unser Schwiegersohn den Vorschlag gemacht hat mich entmündigen zu lassen, wirkte das bei mir wie ein Raketenantrieb. Ich meldete mich beim Jobcenter und war zunächst entsetzt was man dort alles angeben musste. Nicht nur den eigenen Besitz musste man anzeigen, auch den der Ehefrau und der Kinder, denn zunächst wird die Familie zur Unterstützung herangezogen. Unsere Tochter machte den Vorschlag Privatinsolvenz anzumelden, eine denkbare Lösung. Doch ich wollte bis zu dem Termin einen Monat später nicht untätig herumsitzen und weil ich gut reden konnte bewarb ich mich, wiederum auf Petras Vorschlag, in einem Call Center in Charlottenburg. Nach einem Probetag in dem Center, bekam ich dort einen Vertrag und obwohl das, was ich den Kunden verkaufen sollte, gegen meine Überzeugung ging nahm ich diesen dankbar an. Meine Schulden, die bei etwa zwanzigtausend Euro lagen wogen mehr als meine Prinzipien und schon die Römer hatten erkannt, dass Geld nicht stinkt. Der zweite Termin im Jobcenter verlief, wenn man so will, schon etwas harmonischer. Ich bekam eine angemessene Unterstützung für meine Frau und mich jedoch mit der Auflage alle weiteren Einkünfte wie der Verdienst im Hotel und im Call Center monatlich zu melden.

Da die Schwester meines Schwiegersohnes in einem Steuerbüro arbeitet, hatte sie sich angeboten meine monatlichen Einkünfte jeden Monat richtig sortiert an das Jobcenter zu faxen, was mir eine riesen Hilfe war. So musste ich keine Zeit verschwenden um zum Jobcenter zu fahren sondern konnte mich voll und ganz auf meine Arbeit konzentrieren. Sechs Tage in der Woche, zwischen zehn und fünfzehn Uhr saß ich an meinem Platz im Call Center und ab sechzehn Uhr war ich im Hotel, solange ich eben gebraucht wurde. Meinen geliebten Renault Kangoo hatte ich schweren Herzens verkauft aber es half unseren Finanzen auf die Sprünge. Zum Termin bei der Insolvenzberatung hatte ich mir alle monatlichen Zahlungen sauber und in der richtigen Reihenfolge notiert, Firmen zuerst dann meine Familie. Die Beraterin wollte, angesichts der Vorbereitung, mit einem Lächeln wissen, was Sie für mich tun könnte? Sie bestätigte mir, dass ich auf dem richtigen Weg war und dass alles gut werden würde, wenn ich mich an meinen eigenen Plan halten würde.

Meine Freude über diesen Erfolg währte allerdings nur kurze Zeit, denn auf dem Weg nach Hause rief meine Frau mich aufgeregt an und sagte mir, dass Bob den letzten Mietwagen nicht fristgerecht abgegeben hatte. Er hatte den Wagen, ohne dass ich den Vertrag verlängert hatte, einfach einen Monat länger gefahren. Warum die Autovermietung das erst drei Wochen später gemerkt hat, ist mir bis heute unbegreiflich. Ich musste Anzeige wegen Unterschlagung bei der Polizei machen damit diese den verschwundenen Wagen suchen konnten. Sie fanden Ihn in schließlich in den Niederlanden wo Bob etwas Urlaub machte, um sich auf meine Kosten von mir zu erholen. Als ich ihn am Telefon zur Rede stellte; sagte er mir rundheraus, dass er mir persönlich schaden wolle, weil ich Ihn mit der Firma im Stich gelassen hatte. Doch mich konnte zu dem Zeitpunkt nichts mehr erschüttern. Für mich gab es nur noch Eines:

Ärmel hochkrempeln und durchhalten, schon alleine wegen der lieben Bekannten und Verwandten, die hinter vorgehaltener Hand sagten, dass ich das nie schaffen würde. Den Triumpf wollte ich keinem gönnen und ich wollte einen Satz nicht hören, denn ich zu diesem Zeitpunkt nur zu gut kannte: „Das habe ich ja gleich gewusst!"

Als ob ich nicht schon mehr als genug hatte kam auch noch die Nachricht aus den Staaten, dass mein Vater mit fünfundachtzig abends friedlich eingeschlafen und morgens nicht mehr aufgewacht war. Eigentlich ein schönes Ende eines langen Lebens. Ruth wollte, dass ich zu ihr kommen sollte, musste aber einsehen, dass ich das in meiner finanziellen Situation nicht konnte. Es hat mich trotzdem ziemlich getroffen, weil ich immer gehofft hatte, dass er noch mal in sein Heimatland zurückkehren würde, wie er es auch selbst wollte. Nun gut, da ich jeden Tag beschäftigt war und mich auf meine Arbeit konzentrieren musste, kam ich mit der Trauer über den Tod meines Vaters gut zurecht.

Im August 2006 hatte ich im Call Center angefangen und sechs Tage die Woche jeden Tag fünf Stunden telefoniert, bis mir die Ohren glühten. In den kurzen Pausen, hatte ich dann die unbeantworteten Nachrichten von drei Inkassofirmen abgehört, die immer-zu hören wollten wie viel ich zahlen konnte und wann. Es ging um zwei Kreditkartenverträge und einen Telefonvertrag. Aber mit der Zeit wird auch das zur Routine und man gewöhnt sich aneinander, was Vertrauen schafft. Ich war immer froh, wenn ich nachmittags im Hotel Massagetermine hatte, denn da brauchte ich nicht reden was die reinste Entspannung war.

Ich hatte nun ein Ziel vor Augen. Ab April 2007 sollte ich meine Frührente bekommen, mit dreiundsechzig Jahren. In den letzten drei Monaten des Jahres 2007 fiel es meiner Teamleiterin im Call Center aber auch meiner Frau zu Hause auf, dass es mir immer schwerer fiel ist die Kunden am Telefon zu überzeugen. Der Druck zu verkaufen um mein Soll zu erfüllen war groß und wie ich schon erwähnte, stand ich nicht hinter meinem Auftrag und so war ich glücklich als mein Arbeitsvertrag am 31. März 2007 endete und ich mich endlich wieder meinem richtigen Beruf als Masseur widmen konnte.

Als ob alle darauf gewartet hätten, ging es im Hotel schon im April so richtig los und ich war voll in meinem Element. Da ich nun meine Rente hatte und nur sieben Prozent Abschlag, war das Hotel ein reiner aber wichtiger Zuverdienst denn um meine Schulden zu bezahlen, reicht die Rente nicht aus. Die Hoteldirektorin und das gesamte Personal, standen hinter mir und die Arbeit machte mir viel Freude, so dass ich immer ruhiger und ausgeglichener wurde

Nur mit Bob hatte ich nicht mehr gerechnet. Der hatte in der Zwischenzeit im Hotel angerufen und versucht sie gegen mich aufzuhetzen, hatte Ihr erzählt, dass ich bei ihm jede Menge Schulden habe und von Hartz IV leben würde, was sicher keine gute Werbung für ihr Haus wäre. Natürlich bat sie mich darauf zu sich in ihr Büro um meine Version der Geschichte zu hören. Nachdem ich ihr die Ereignisse in knapper Form geschildert hatte, schüttelte Sie den Kopf und fragte mich was das für ein Spinner sei. Mit einem Lächeln gab Sie mir zu verstehen, dass Sie Verständnis für meine Situation hatte und bat ihre Mitarbeiter weitere Anrufe von Bob abzuweisen. Erneut konnte Ich beruhigt durchatmen und meine Kreativität in meiner Massage voll ausleben.

Für die Werbung brauchte ich nun auch nicht zu sorgen, denn das machte das Personal des Hotels und so befand ich mich nun jeden Tag von Montag bis Samstagnachmittag im Hotel, denn viele Hotelgäste kommen spontan zur Massage. Die Aufträge nahmen immer mehr zu und der Frust über die verlorenen Jahre verschwand langsam aber sicher im Hintergrund. Meine Selbstsicherheit kam nach und nach wieder zurück und da ich viel zu tun hatte kam mehr und mehr Geld in die Kasse, so dass ich meine monatlichen Raten bei den Inkassofirmen und bei meiner Schwägerin nicht nur zahlen sondern auch erhöhen konnte um meine Schulden noch schneller zu tilgen.

Das Jahr 2008 verlief dann recht ruhig und auch ein großer Brief von Bobs ehemaligem Freund brachte mich nicht aus der Fassung. Er schickte mir eine Kopie von Bobs Eidesstattlicher Selbstauskunft, in der mein Name auftauchte und nach der ich hundertfünfzigtausend Euro Mietschulden hatte weil ich meinen Mietvertrag nicht ordentlich gekündigt hätte. Nach seinen eigenen Angaben war er arm wie eine Kirchenmaus und hatte außer großen finanziellen Außenständen gar nichts und wer ihn nicht kannte kaufte ihm das auch ab. Aber es zeigte sich, dass er das Studio in Charlottenburg weitergeführt hatte allerdings ohne Miete und Versicherungen zu zahlen und als das nicht mehr lief hatte er es in einer Nacht-und-Nebel-Aktion verlassen und war eine Zeitlang nicht mehr auffindbar.

Als man Ihn dann gefunden hatte forderte man ihn zu besagter eidesstattlicher Selbstauskunft in der ich so etwas wie ein Star war. Nun konnte ich mich tatsächlich noch bei ihm revanchieren, nämlich mit einer Anzeige wegen eidesstattlicher Falschauskunft.

Bei der Staatsanwaltschaft legte ich alle meine Unterlagen und meine Miet-Willenserklärung vor und bekam nach etwa drei Wochen später die Nachricht, dass die Mietwillenserklärung genau das ist was der Name sagt, eine Willenserklärung und kein Mietvertrag. Nun war also auch dieses leidige Thema offiziell vom Tisch und mir fiel ein weiterer Betonklotz vom Herzen.

2009 zahlte ich meine letzten Raten bei den Inkassounternehmen ab und als ich bei einem Münchener Unternehmen anrief um herauszufinden wieviel noch offen war, antwortete mir die Dame sehr freundlich, dass doch alles prima geklappt hätte. Ich fragte mit einem Lächeln, ob Sie etwas anderes erwartet hätte. „Nein, das passt schon", gab sie mir zur Antwort. Meine ganze verloren geglaubte Energie war zurück. Jetzt konnte ich mich voll auf meine Schwägerin konzentrieren und da meine Einnahmen gut waren, erhöhte ich, zum Erstaunen der Verwandtschaft, die monatliche Rate bei ihr auf dreihundertfünfzig Euro. Im Dezember 2012, war es dann soweit, die letzte Rate für meine Schwägerin war bezahlt und ich ließ einen maßvollen Sektkorken knallen. Ich war endlich Schuldenfrei.

EPILOG

Wie macht der das nur? Wie ich schon sagte, es gab für mich die ganze Zeit nur eines, den Gedanken mich aus meinem eigenen Schlamassel zu ziehen, es allen und jedem zu zeigen und die Zweifler mit Taten Lügen zu strafen. Keine Angst vor der eigenen Courage haben und niemals aufgeben war und ist mein Lebensmotto. Alles, was mich in den letzten Jahren heruntergedrückt hatte, war wie weggeblasen. Ich hatte festgestellt, dass ich nicht als Geschäftsführer geeignet bin, dass meine Fähigkeiten auf einem anderen Gebiet liegen. Das hatte sich schon in jungen Jahren abgezeichnet als ich meinen Großvater pflegte. Die Zeit als Maschinenschlosser war keine gute Zeit, es war ein Beruf den ich ausübte, weil man wollte, dass ich „etwas anständiges" lerne. In der Zeit als Busfahrer hatte ich mir einen Traum aus jüngsten Kindertagen erfüllt und war damit tatsächlich gut gefahren und die Zeit im Büro schließlich war auch nicht wirklich gut, weil ich nicht der Typ bin der sich täglich gegen seine Kollegen verteidigen kann. Erst mit der Ausbildung zur Fußreflexzonenmassage und dem Nachdenken über die Funktion des menschlichen Körpers setzten meine Gehirnzellen wieder in Gang und durch die Seminare bei der Heilpraktikerin habe ich sehr viel für meinen Beruf und für mich selbst gelernt. In den vergangenen 26 Jahren ist mein Erfahrungsschatz, den ich gern an meine Kunden aber auch an alle anderen Menschen weitergebe ganz schön angewachsen.

Carlos Bauersachs

Berlin, 2017

ᔕᗪDANKSAGUNG

Liebe Leser dieses Buches,

dass Sie dieses Buch erworben und gelesen haben freut mich sehr und ich möchte Ihnen dafür danken.

Wie sie sich vorstellen können stecken in den vergangenen einhundertzweiundsechzig Seiten viele Arbeitsstunden. Immer wieder sind wir den Text durchgegangen und haben uns bemüht Carlos Geschichte für Sie lesbar zu machen.

Nicht weil wir einen Bestseller schreiben wollten sondern weil es eine Geschichte ist, die zu erzählen sich lohnt. Sie zeigt wie wichtig es ist niemals aufzugeben und den Kopf nicht in den Sand zu stecken. Im Angesicht der gesellschaftlichen Entwicklung wird diese Erkenntnis immer wichtiger und kann gar nicht oft genug ausgesprochen werden.

Ich selbst habe den Autor erst 2013 in dem besagten Hotel in Berlin Mitte richtig kennengelernt als alles schon vorbei war und bin tief beeindruckt von seiner starken Persönlichkeit und Willensstärke.

Als er mich vor etwa drei Jahren darauf ansprach dieses Buch zu schreiben, war es für mich selbstverständlicn ihm bei der Umsetzung zu unterstützen. Wir sind über diese Zusammenarbeit Freunde geworden und werden hoffentlich noch das eine oder andere Projekt zusammen bestreiten.

Wenn Sie, liebe Leser, Fragen an uns haben, dann schreiben Sie uns gerne an books@jerke.se.

Vielen Dank und alles Gute

Christian Jerke (Hrsg.)

Berlin, 2017